Die neuesten Geschichtslügen

Heinrich Kanner

Alpha Editions

This edition published in 2022

ISBN : 9789356704411

Design and Setting By
Alpha Editions
www.alphaedis.com
Email - info@alphaedis.com

Vorwort

Die scharfe Kritik, die auf den folgenden Blättern an den Rechtfertigungsschriften der deutschen Staatsmänner und damit auch an ihrer Politik vor dem Ausbruch des Weltkrieges geübt wird, zwingt den Verfasser zu einigen Worten persönlicher Einführung. Es ist nachträglich sehr leicht, das Verhalten von Staatsmännern zu kritisieren, wenn der Erfolg sein unzweideutiges Urteil gefällt hat, so wie es nicht viel Scharfsinn erfordert, Rätsel zu lösen, wenn man vorher die Lösungen nachgesehen hat. Diese bequeme, aber auch unfruchtbare Art der Kritik ist dem Geschichtsschreiber gestattet, ihr Ergebnis nennt man das „unbestechliche Urteil der Geschichte". Dem zeitgenössischen Publizisten verwehrt man diesen Treppenwitz, mit Recht, weil seine Aufgabe eine höhere, fruchtbarere und um deswillen schwierigere ist. Jetzt, nach dem Abschlusse des Weltkrieges, weiß natürlich jeder, wie es im Juli 1914 und in den Jahren vorher besser hätte gemacht werden sollen, und gar mancher Publizist tut sich heute auf dieses nachträgliche Besserwissen etwas zu Gute, der es in den entscheidenden Tagen, Wochen und Jahren auch nicht besser gewußt hat als die jetzt durch ihren Mißerfolg verurteilten Staatsmänner. Die vorliegende Schrift hat mit dieser den Ereignissen nachhinkenden Art von Weisheit nichts gemein. Ihr Verfasser hat die Verfehltheit und Gefährlichkeit jener Politik der beiden Zentralmächte die zum Weltkrieg geführt hat, schon vor Jahren, mindestens seit der bosnischen Annexionskampagne 1908/9, in seinem Blatte, der damaligen Wiener Tageszeitung „Die Zeit", bloßgestellt und insbesondere im Juli 1914 vor der Gefahr des Weltkrieges aufs Eindringlichste gewarnt, sich auch während des Weltkrieges mitten im herrschenden Kriegstaumel seine ablehnende und kriegsfeindliche Haltung bewahrt und, soweit es die Zensur zuließ, publizistisch vertreten. Er hat dadurch das Mißfallen der beiden zentralstaatlichen Regierungen und Heeresleitungen in einem so hohen Maße erregt, daß er sich auf unweigerliches Verlangen der deutschen Obersten Heeresleitung im Dezember 1917 genötigt sah, seine publizistische Tätigkeit einzustellen. Wenn er nun in der vorliegenden Broschüre die Wirksamkeit und die Rechtfertigungsschriften der deutschen Staatsmänner des Kriegsausbruches scharf kritisiert, kann ihn der Vorwurf des „Treppenwitzes" nicht treffen. Was auf diesen Blättern steht, ist nur eine konsequente Weiterentwicklung der Anschauungen, die der Verfasser schon zu einer Zeit gehegt und öffentlich ausgesprochen hat, wo die Kritik noch hätte fruchtbar wirken können, wenn die Kritisierten auf sie hätten hören wollen, wo noch manches hätte gerettet werden können, was heute unwiederbringlich verloren ist.

* * *

Die Kriegspropaganda, die in den anderen kriegführenden Ländern schon längst zum Schweigen gekommen ist, wird von den deutschen Staatsmännern des Kriegsausbruches nach dem Kriege mit vermehrtem Eifer fortgesetzt. Res venit ad Triarios. Nicht mehr untergeordneten Hilfskräften, beamteten „Preßleitern", willfährigen Schriftstellern, abhängigen Journalisten, die im Kriege ihre öffentlichen Anwälte waren, überlassen sie die publizistische Vertretung ihrer Sache, sie treten in eigener Person in Büchern, die sich den Anschein von Memoiren geben, vor das Publikum, um mit wirkungsvollen, mit dem wirkungsvollsten Mittel ihrer eigenen amtlichen Autorität das Werk der Irreführung des deutschen Volkes fortzusetzen, das die so hoher Autorität entbehrende Propaganda während des Krieges schon mit so traurig großem Erfolg betrieben hat.

Memoiren deutscher Staatsmänner! Man weiß, wie das auf den Untertanengeist des deutschen Lesers wirkt! Ist ihm schon jedes Wort heilig, das im täglichen Lauf der Staatsgeschäfte aus amtlichem Munde zu ihm dringt, wie ehrfurchtsvoll nimmt er erst ein Buch zur Hand, das einer seiner Staatsmänner, fern vom Zwang der Staatsgeschäfte, in der Freiheit des Ruhestandes geschrieben hat, um aus der vom Deutschen jederzeit so bereitwillig angestaunten Fülle seiner Kenntnis aller Amtsgeheimnisse heraus den deutschen Staatsbürgern über Ereignisse der Vergangenheit jene letzten Aufklärungen zu geben, die während seiner Amtswirksamkeit zu gewähren die hohe Staatsraison ihm verboten hatte. Nur wenige deutsche Staatsmänner haben bisher Memoiren veröffentlicht — weit weniger als die englischen und französischen — und zumeist auch erst zu einer Zeit, wo die Ereignisse, an denen sie mitzuwirken hatten, schon längst jede nähere Beziehung zur Gegenwart verloren hatten. Jetzt aber treten die hohen und höchsten Beamten des Deutschen Reiches, die noch an dem letzten großen Ereignis, am Weltkrieg, mitgewirkt haben, in den Tagesstreit über die Ursachen des Kriegsausbruches mit Büchern ein, in welchen sie anscheinend die letzte Scheu vor dem Amtsgeheimnis abgestreift haben, die sonst dem deutschen Beamten zeitlebens den Mund verschließt: der Reichskanzler Herr v. Bethmann Hollweg, der Staatssekretär des Äußern Herr v. Jagow, der Staatssekretär der Marine Herr v. Tirpitz, der Staatssekretär der Finanzen und Vizekanzler Herr Dr. Helfferich. Fünf schwere Kriegsjahre hindurch hat die ganze Welt die Erschließung der deutschen Akten über den Kriegsausbruch verlangt, erhofft, ersehnt, nachdem die gegnerischen kriegführenden Staaten, Engländer, Franzosen, Russen, Belgier, Italiener, Serben ihr Aktenmaterial, ohne erst eine Nachfrage abzuwarten, gleich bei Beginn des Krieges dem Urteil der Öffentlichkeit vorgelegt hatten. Auf die deutschen Akten hatte man fünf Jahre lang vergebens gewartet. Und nun kommen statt dessen *im Frühjahr 1919* die deutschen Staatsmänner selbst hervor und bieten der Welt statt toter Aktensammlungen lebendige Bücher dar, die schon um deswillen weitere Wirkungsmöglichkeiten haben als Aktensammlungen, weil sie die Dinge im Zusammenhang erzählen, die von ihnen selbst geschaffenen Tatsachen gleich mit dem Kommentar versehen, der ein authentischer ist, da er von ihnen, den Handelnden, selbst herrührt. Wer aber dürfte es wagen, in die Ehrlichkeit eines deutschen Staatsmannes bei der Wiedergabe von Tatsachen, in seine Zuverlässigkeit bei ihrer Ausdeutung Zweifel zu setzen?

Es hat's auch bisher, in Deutschland wenigstens, niemand gewagt. Das deutsche Volk hat nicht einmal an Bismarcks „Gedanken und Erinnerungen“ gerührt, obzwar kein Geringerer als Bismarcks langjähriger vertrauter Mitarbeiter, der auch des Meisters „Gedanken und Erinnerungen“ zu Papier gebracht und druckreif gemacht hat, Lothar Bucher selbst, in rücksichtslosester Wahrheitsliebe ihre Unzuverlässigkeit und Unaufrichtigkeit aufgedeckt hat. Hier aber stellen sich vier Erinnerungsbücher deutscher Staatsmänner ein, denen kein Lothar Bucher einen moralischen Steckbrief nachgeschickt hat, die das Verhalten der deutschen Staatsmänner in den Tagen des Kriegsausbruches so glänzend rechtfertigen und alles Anklagematerial, das die feindlichen — eben nur die feindlichen! — Aktensammlungen gegen sie aufgebracht haben, so wahrhaft autoritativ widerlegen.

Da sind aber *Ende 1919* ganz andere Aktensammlungen erschienen, keine feindlichen, nein, die Sammlungen der eigenen Akten der deutschen wie der österreichisch-ungarischen Staatsmänner des Kriegsausbruches, von ihren Nachfolgern herausgegebene Zeugnisse, deren Beweiskraft höher steht als die irgend einer noch so autoritativen Selbstrechtfertigungsschrift irgend eines noch so hoch stehenden Staatsmannes. Und diese Zeugnisse zeugen wider ihre Urheber selbst und wider deren Memoirenbücher. Sie sind nicht wie diese Surrogate, seien es auch noch so gefällig ausgestattete Surrogate der amtlichen Akten, es sind die Akten selbst, die gegen die Surrogate sprechen, wenn auch diese Aktensprache nicht so flüssig läuft, wie die der Memoirenwerke. Aber wir müssen in diese Sprache eindringen, wir müssen sie von ihrer Schwere befreien, wir müssen sie mit der der Memoirenbücher vergleichen, wenn wir endlich die so lange gesuchte Wahrheit über den Ausbruch des Weltkrieges erfahren wollen, der das deutsche Volk sich auf die Dauer nicht entziehen kann und der es niemals hätte entzogen werden sollen.

* * *

Die Grundgedanken der Kriegsbücher der deutschen Staatsmänner, die sie jetzt jeder mit neuen Beweisgründen und mit dem ganzen Aufwand seiner dialektischen Kraft zu stützen beflissen sind, lassen sich in drei Thesen formulieren:

1. Daß die deutsche Regierung das österreichisch-ungarische Ultimatum an Serbien nicht vor seiner Überreichung gekannt habe.

2. Daß sie in den kritischen zwölf Tagen, die auf das Ultimatum folgten, auf Wien mäßigend eingewirkt und bei diesem Druck sogar bis an das äußerste Maß des Zulässigen gegangen sei.

3. Daß sie von Rußland, England und Frankreich überfallen worden sei, die diesen Krieg prämeditiert, provoziert, ihr „aufgezwungen" haben.

Nun, *diese Behauptungen sind jetzt endgültig widerlegt durch die eigenen amtlichen Dokumente der Berliner und Wiener Kriegsregierungen.*

I. Die Vorbereitung des Ultimatums

Die Berliner Regierung des Herrn v. Bethmann ist nicht, was sie später den anderen Mächten gegenüber vorgab, von der Wiener Regierung mit dem Ultimatum im Juli 1914 ebenso überrascht worden wie unter Bülow im Oktober 1909 mit der Annexion Bosniens. Denn von der Annexion hat diese tatsächlich erst gleichzeitig mit den anderen Mächten und dasselbe wie diese erfahren, an deren Vorbereitung auch in keinerlei Weise mitgearbeitet, wie sich aus dem Rotbuch des Grafen Aehrenthal und allen seitherigen Äußerungen der Beteiligten ergibt, zuletzt auch aus einem Brief des Kaisers Wilhelm II. an den Zaren vom 8. Jänner 1909[1]. Daß aber die Wiener Regierung nach der Mordtat von Sarajevo, 28. Juni 1914, etwas, und zwar etwas Entscheidendes zu unternehmen beabsichtige, hat die Berliner Regierung schon am 2. Juli 1914 aus einem vom 30. Juni datierten Bericht ihres Wiener Botschafters Herrn v. Tschirschky erfahren, der besagte, man wünsche in Wien „einmal mit den Serben gründlich abzurechnen[2]". In einer Unterredung mit dem Kaiser Franz Joseph vom 2. Juli stellte sich Herr v. Tschirschky bereits auf den Standpunkt, „daß Deutschland geschlossen hinter der Monarchie zu finden" sein werde, „sobald es sich um die Verteidigung ihrer Lebensinteressen handle. Die Entscheidung darüber, wann und wo ein solches Lebensinteresse vorliege, müsse Österreich selbst überlassen bleiben[3]". Das ließ sich hören. Eine Kooperation unter solchen einseitigen Bedingungen, eine Art Löwenvertrag zu seinen Gunsten, bei dem er unternehmen durfte, was ihm beliebte, der andere aber von vorneherein verpflichtet war, blind seinen Schritten zu folgen, war ganz nach dem Geschmack Franz Josephs. In seinem Handschreiben vom selben Tage an Kaiser Wilhelm II., das diesem mit einem Memorandum Berchtolds am 5. Juli überreicht wurde, rückte er denn auch mit der Sprache ziemlich deutlich heraus, indem er die „Isolierung und Verkleinerung Serbiens" als Programm seiner Regierung erklärte und nichts weniger verlangte, als daß „Serbien als politischer Machtfaktor am Balkan ausgeschaltet" werde[4], und er hatte die Genugtuung, daß die Berliner, Kaiser wie Reichskanzler, ganz im Sinne des Herrn v. Tschirschky, auf sein Ansinnen ohneweiters eingingen. „S. M." — telegraphierte der Reichskanzler am 6. Juli an Tschirschky — „könne zu den zwischen Österreich-Ungarn und diesem Lande (Serbien) schwebenden Fragen naturgemäß keine Stellung nehmen, da sie sich seiner Kompetenz entzögen. Kaiser Franz Joseph könne sich aber darauf verlassen, daß S. M. im Einklang mit seinen Bündnispflichten und seiner alten Freundschaft treu an Seite Österreich-Ungarns stehen werde", und Wilhelm II. selbst schrieb am 14. Juli an Franz Joseph, „daß Du auch in den Stunden des Ernstes mich und mein Reich in vollem Einklang mit unserer altbewährten Freundschaft und unseren Bündnispflichten treu an Euerer Seite finden wirst. Dir dies an dieser Stelle zu wiederholen, ist mir eine freudige Pflicht[5].“ Sie haben also auf jeden Einfluß bei der Wahl der zu verwendenden Mittel verzichtet. Diesen Standpunkt hat auch später der Kaiser in seinen intimen Randnoten zu den Berichten seiner Diplomaten, und die Berliner Regierung, zu ihrer Entlastung, in ihren Verhandlungen mit den anderen Mächten während der kritischen Tage wie später in ihren zahllosen Verteidigungsreden und -schriften während des ganzen Krieges festgehalten. Diesen Standpunkt hat auch Herr v. Bethmann in der Bundesratssitzung vom 1. August 1914 als Ausdruck einer dreißigjährigen Tradition definiert, indem er dem Bundesrat berichtete, er habe, als Österreich-Ungarn ihm mitteilte, daß es gegen Serbien „einschreiten“ müsse, geantwortet: „Darüber, was ihr zu tun habt, maßen wir uns kein Urteil an; das ist nicht unsere Sache. Aber es ist selbstverständlich, daß, wenn der Bündnisfall eintritt, wir treu an euerer Seite stehen[6].“ Das war eine *Blanco-Vollmacht* — ein Ausdruck, den auch der bayrische Geschäftsträger v. Schön in dem Bericht an seine Regierung vom 18. Juli 1914 gebraucht[7].

Es ist deswegen unwahr, wenn Herr v. Jagow jetzt nachträglich in seiner Rechtfertigungsschrift behauptet, daß er sich über das Vorgehen Österreich-Ungarns „gewissermaßen die Kontrolle vorbehalten“ habe, unwahr, wenn er sagt: „von einer carte blanche kann also nicht die Rede sein[8]“. Ebenso unwahr, wenn Herr v. Bethmann in seiner Rechtfertigungsschrift leugnet, daß seine Regierung „dem Ballplatz einen Freibrief ausgestellt hätte[9]“. Skurril, wenn Herr v. Bethmann in einem Atem sich darauf etwas zugute tut, daß er das Ultimatum „nicht ausdrücklich gebilligt“ habe (das ist ja eben die Wirkung des Freibriefes!), unsinnig, wenn Herr v. Bethmann zur Begründung sagt: „Von Inhalt und Form eines einmal ausdrücklich gebilligten Ultimatums hätten wir uns nicht wieder loslösen, wir hätten dann die ganze Vermittlungsarbeit nicht verrichten können, die wir tatsächlich verrichtet haben.“ Ja, hat er sich denn von dem nicht ausdrücklich gebilligten Ultimatum losgelöst? *Hat er nicht im Gegenteil an Inhalt und Wortlaut dieses Ultimatums bis zuletzt festgehalten*, wie der Quäker an dem Bibelwort? Hat er auch nur einen I-Punkt daran zu ändern Österreich-Ungarn, selbst nach dessen Erlaß, vorgeschlagen? Hat er nicht die anderen Großmächte wie ein Hofhund weggebellt, sowie sie in den ersten Tagen nach dem Ultimatum dessen Milderung verlangten? Und wann hat denn seine Vermittlungstätigkeit begonnen? Doch erst, nachdem die anderen Mächte, die Fruchtlosigkeit solchen Beginnens einsehend, auf eine Änderung des Ultimatums verzichtet und andere Ausgleichsvorschläge gemacht hatten, durch die der Inhalt und die Form des unseligen Ultimatums unberührt blieben.

Wie unwahr, bewußt unwahr die nachträgliche Darstellung der Herren v. Bethmann und v. Jagow ist, ergibt sich aus einem Vergleich ihrer *nach* dem verlorenen Krieg verfaßten Rechtfertigungsschriften mit ihrem *vor* dem Kriegsausbruch, zur Zeit der Siegeszuversicht, zusammengestellten amtlichen deutschen Weißbuch. Dort sagten sie, weil sie damit ihre politische Einsicht zu beweisen glaubten, ganz richtig: „Wir ließen Österreich völlig freie Hand in seiner Aktion gegen Serbien[10]." Das war der Sinn der von ihnen unterwürfig angenommenen Formel des Kaisers Franz Joseph und der dreißigjährigen Bündnistradition, die Herr v. Bethmann wenigstens im Bundesrat am 1. August 1914 so definierte, die er aber in seiner Rechtfertigungsschrift nach dem Kriege vollständig vergessen zu haben scheint. Nach dieser Kompetenzformel hätte die Wiener Regierung der Berliner über das Ultimatum bis zu dessen Überreichung an Serbien ebensowenig zu sagen gebraucht wie den anderen Mächten. So hat es auch die Berliner Regierung den anderen Mächten dargestellt. Es ist aber nicht wahr. Die Wiener Regierung hat der Berliner, über die Kompetenzformel hinausgehend, von ihren Absichten schrittweise Mitteilung gemacht, ihr dies auch durch den k. u. k. Botschafter in Berlin bereits am 9. Juli freiwillig in Aussicht gestellt[11], die *Berliner Regierung hat aber ihrerseits*, der zu ihrer Entmannung bestimmten Formel sklavisch gehorchend, *sich jeder Kritik begeben und die Wiener Regierung durch gute Ratschläge und durch Drängen bei der Ausführung ihrer wahnwitzigen Pläne unterstützt, bestärkt, angefeuert.*

Folgen wir den Ereignissen! Am 7. Juli fand in Wien der erste gemeinsame Ministerrat über die serbische Angelegenheit statt. Diesen Programmpunkt verschwieg man in der ganzen Öffentlichkeit. Der deutsche Botschafter in Wien Herr v. Tschirschky aber erfuhr, was dort verhandelt worden war, welche Stimmungen sich dabei gezeigt hatten, wie Graf Tisza den Plänen des Grafen Berchtold widerstrebt hatte, und über all das berichtete er am 8. Juli der Berliner Regierung. In diesem Bericht teilte er der Berliner Regierung auch schon den ganzen jesuitischen Ultimatumsplan des Grafen Berchtold mit, genau wie dieser später ausgeführt worden ist, nämlich, daß Graf Berchtold die „Forderungen an Serbien so einzurichten" beabsichtige, daß „*deren Annahme ausgeschlossen erscheint*[12]". Diese trefflichen Informationen hatte Herr v. Tschirschky aus dem Munde des Grafen Berchtold selbst. Zwei Tage später, am 10. Juli, teilt Graf Berchtold dem Herrn v. Tschirschky den Verlauf seiner Audienz beim Kaiser Franz Joseph vom 9. Juli mit, und Herr v. Tschirschky berichtet darüber sofort nach Berlin. Graf Berchtold skizziert ihm die Forderungen, die er an Serbien stellen wolle, ungefähr schon so, wie er sie später im Ultimatum tatsächlich gestellt hat, mitsamt der 48stündigen Galgenfrist. „Er sinne", sagt Berchtold zu Tschirschky, „noch darüber nach, welche Forderungen man stellen könne, die Serbien eine Annahme völlig unmöglich machen würden."(!) „Berchtold", berichtet Tschirschky weiter, „würde gerne wissen, wie man in Berlin darüber denkt[13]." Nun hätte, da Berchtold um Rat fragte, die Berliner Regierung die beste Gelegenheit gehabt, ohne sich auch nur dem Vorwurf einer Einmischung von Seite des

Bundesgenossen auszusetzen, das zu tun, wessen sie sich später berühmt hat und was ihre Pflicht gewesen wäre, nämlich in Wien mäßigend zu wirken. Was tut aber die Berliner Regierung? Sie ist noch päpstlicher als der Papst. Sie verweigert dem Grafen Berchtold den von ihm erbetenen Rat. Herr v. Jagow telegraphiert am 11. Juli an Herrn v. Tschirschky: „Zur Formulierung der Forderungen an Serbien können wir keine Stellung nehmen, da dies Österreichs Sache ist." Und dann gibt er dem Grafen Berchtold die Anregung, gleichzeitig mit dem „Ultimatum" — Herr v. Jagow nennt es als erster bereits in diesem Zeitpunkt so — eine Sammlung von Materialien über die großserbische Bewegung zu publizieren — eine Anregung, die Graf Berchtold mit dem sogenannten „Dossier" später befolgt hat[14]. Herr v. Jagow begann also schon in diesem frühen Zeitpunkte, an dem von Berchtold eingeleiteten Kriegskomplott mitzuarbeiten — allerdings nur in untergeordneter Stellung — als Handlanger Berchtolds, der sich in der Hauptsache jeder Einflußnahme enthielt, durch allersubmisseste Regievorschläge aber das Gelingen des Berchtoldschen Planes zu sichern bestrebt war.

Am 14. Juli sucht Graf Tisza unmittelbar nach einer Besprechung mit Berchtold den Herrn v. Tschirschky auf, teilt ihm mit, daß er sich nun auch zu Berchtolds Kriegsplan bekehrt habe, daß die Note an Serbien am Sonntag, den 19., im Ministerrat beschlossen, aber erst nach der Abreise Poincarés von Kronstadt, die, wie Tisza fälschlich glaubte, am 25. erfolgen werde, in Belgrad überreicht werden solle. „Die Note", teilt Graf Tisza weiter dem Herrn v. Tschirschky mit, „werde so abgefaßt sein, daß deren Annahme so gut wie ausgeschlossen sei." Das alles gibt Tschirschky sofort nach Berlin weiter[15]. Berlin schluckt alles stumm hinunter. Unmittelbar nach Tiszas Besuch läßt Graf Berchtold Herrn v. Tschirschky zu sich kommen, um diesen auch seinerseits über das Ergebnis seiner Besprechung mit Tisza zu informieren, das Wichtigste ist die Mitteilung Berchtolds, daß Graf Tisza „in erfreulicher Weise" dem Plane Berchtolds beigestimmt „und sogar in manche Punkte eine Verschärfung hineingebracht" habe. Auch darüber gibt Tschirschky sofort genauen Bericht nach Berlin[16], Berlin schluckt auch diese „erfreuliche" Mitteilung stumm hinunter. Gegenüber dem ungeduldigen Berlin entschuldigt sich noch Graf Berchtold bei Herrn v. Tschirschky, daß „lediglich die Anwesenheit Poincarés in Petersburg der Grund für den Aufschub der Übergabe der Note in Belgrad sei". Am 17. Juli berichtet der Botschaftsrat der deutschen Botschaft in Wien, Prinz Stolberg, auf Grund einer Mitteilung des Grafen Berchtold dem Reichskanzler, daß die Überreichung der Note in Belgrad am Donnerstag, 23. Juli nachmittags, erfolgen werde, daß Berchtold „hoffe", daß Serbien die Note nicht annehmen werde, „da ein bloßer diplomatischer Erfolg hierzulande (in Österreich-Ungarn) wieder eine flaue Stimmung auslösen werde[17]". Am 18. Juli schreibt Prinz Stolberg einen ausführlichen Brief mit denselben

Mitteilungen an Herrn v. Jagow, fürchtet aber, daß Serbien die Forderungen Österreich-Ungarns annehmen könnte, und tut noch seine eigene Wohlmeinung hinzu, daß Österreich-Ungarn es zum „Bruch" mit Serbien treiben müsse und sich mit einem „sogenannten diplomatischen Erfolg" nicht begnügen dürfe. Er beruhigt sich aber schließlich mit der Versicherung des Grafen Hoyos, des Kabinettschefs Berchtolds, „daß die Forderungen (an Serbien) doch derart seien, daß ein Staat, der noch etwas Selbstbewußtsein und Würde habe, sie eigentlich unmöglich annehmen könne[18]". Wahrlich, Wien hat Berlin keinen Moment über seine Absichten im Unklaren gelassen. Was hat aber Berlin auf diese sich immer ungeheuerlicher auswachsenden Geständnisse Wiens hin unternommen? Mäßigend eingewirkt? Wieder nicht! Am 20. Juli überreicht der serbische Geschäftsträger in Berlin Herrn v. Jagow eine ausführliche Note, in der die serbische Regierung die Mordtat von Sarajevo aufs schärfste verurteilt, den Wunsch ausspricht, „mit der Nachbarmonarchie freundschaftliche Beziehungen zu unterhalten", und den Willen kundgibt, allen etwaigen Forderungen Österreich-Ungarns entgegenzukommen, nur solche Forderungen ausgenommen, „die auch jeder andere Staat, der auf seine Würde und Unabhängigkeit bedacht ist, nicht erfüllen könnte". Schließlich bittet die serbische Regierung „die ihr freundschaftlich gesinnte Kaiserliche (deutsche) Regierung, im Sinne der Versöhnlichkeit gefälligst wirken zu wollen[19]". Was aber tut Herr v. Jagow darauf? Herr v. Jagow erwidert dem serbischen Geschäftsträger, daß er „*es wohl begreifen könne*, wenn man jetzt dort (in Wien) energische Saiten aufzöge. Die Forderungen, die Österreich-Ungarn stellen wolle, seien ihm nicht bekannt[20]" — für welche Sprache Graf Forgach, in Vertretung des Grafen Berchtold, dem Herrn v. Jagow namens der k. u. k. Regierung dankt[21]. Der Staatssekretär wußte am 20. Juli schon längst aus Tschirschkys Bericht vom 10. Juli das Wesentliche der von Österreich-Ungarn beabsichtigten Forderungen, vor allem, daß sie solche sein werden, die mit der Würde und Unabhängigkeit eines Staates unverträglich seien. Vom serbischen Geschäftsträger erfuhr er nun, daß die serbische Regierung solche Forderungen ablehnen werde. *Herr v. Jagow wußte also am 20. aus authentischen Quellen ganz genau, daß Graf Berchtolds Plan zum Kriege führen müsse.* Was tat er? Dem serbischen Geschäftsträger spricht er im voraus seine prinzipielle Zustimmung zu den Berchtoldschen Forderungen aus, teilt dies der Wiener Regierung mit, die darin eine ausdrückliche Bestärkung ihrer Pläne sieht und dafür dankt. Wenn aber Herr v. Jagow wirklich mäßigend hätte wirken wollen, hätte ihm die Initiative der serbischen Regierung vom 20. Juli, also ehe noch die Kugel aus dem Lauf war, die beste Gelegenheit geben können, *zwischen Wien und Belgrad unter Ausschluß von Petersburg zu vermitteln*, nicht nur den Krieg zu vermeiden, sondern den Streit zu lokalisieren, anstatt Rußlands Deutschland zur Vermittlungsstation zwischen Serbien und Österreich-Ungarn und *Rußlands Protektorat illusorisch zu machen.*

Das ist aber der Berliner Regierung gar nicht eingefallen. Nicht nur, daß sie nichts tat, um die Wiener Regierung von ihren exzessiven Plänen zurückzuhalten, setzte sie vielmehr alles in Bewegung, um das Gelingen dieser Pläne zu sichern. Mit einer geradezu subaltern zu nennenden Beflissenheit ging sie, sofort nach Empfang des dem Handschreiben Kaiser Franz Josephs an Kaiser Wilhelm beigelegten Berchtoldschen Memorandums vom 2. Juli, daran, dessen Ideen, ohne Widerrede, wie einen höheren Auftrag auszuführen. Die serbophobe und bulgarophile Balkanpolitik Österreich-Ungarns war bekanntlich im zweiten Balkankrieg in einen ausgesprochenen Gegensatz zu der Politik des Deutschen Reiches gekommen, die Rumänien, Serbien und Griechenland gegen Bulgarien unterstützte, und dieser Gegensatz hatte durch die Publizierung der anläßlich des Bukarester Friedens zwischen dem deutschen Kaiser und dem König von Rumänien gewechselten Telegramme sogar zu einem öffentlichen Eklat geführt. Nach Empfang des Memorandums sattelte nun Berlin vollständig um und folgte getreulich den Spuren der Wiener Politik. Wie ein Hund, dem ein Stein ins Wasser vorausgeworfen wird, so entsprachen die Berliner Staatsmänner den Winken von Wien. Am 5. Juli war das Berchtoldsche Memorandum in Berlin überreicht worden, und schon am 6. sehen wir die Berliner Regierung an der Arbeit, die Ideen des Memorandums zu verwirklichen, nämlich Bulgarien und die Türkei an den Dreibund anzuschließen, diese beiden Staaten durch ein Bündnis auch untereinander zu einigen und Rumänien und Griechenland, wenn möglich, von Serbien abzuwenden.

Am 6. Juli beauftragt Herr v. Jagow den Geschäftsträger in *Bukarest*, in diesem Sinne mit dem König von Rumänien zu sprechen, und den Gesandten in *Sofia*, die Schritte des österreichisch-ungarischen Gesandten zu unterstützen[22]. Als sich Graf Berchtold nach wenigen Tagen die Sache mit Bulgarien anders überlegt und die Aktion zu vertagen für gut findet, winkt Herr v. Jagow sofort auch seinen Leuten in Bukarest und Sofia ab[23]. Nach den Ultimaten an Rußland und Frankreich dringt nun Berlin am 1. August auf die Verständigung mit Bulgarien, und diese nähert sich denn auch noch in den ersten Augusttagen ihrem Abschluß[24]. Beim König von Rumänien dagegen holt sich der deutsche Gesandte mit den Berchtoldschen Projekten einen Korb und eine unerfreuliche Lektion. König Carol sagt ihm am 10. Juli, „in Wien scheine man den Kopf verloren zu haben", über den Grafen Berchtold selbst sprach sich der König „nicht gerade schmeichelhaft" aus, die Hauptschuld an allem Übel trügen die „gewissenlosen Preßtreibereien", „auch in Österreich müsse auf die Presse gewirkt werden, damit diese nicht allzusehr gegen Serbien hetze. Sasonow (mit dem der König kurz vorher im Juni in Constantza anläßlich des Zarenbesuches zusammengekommen war) habe ihm gesagt, Rußland denke nicht daran, einen Krieg zu führen." Der König empfahl eine Demarche in Petersburg, damit von dort aus auf Serbien ernst eingewirkt werde. Er selbst erklärte sich gleichfalls bereit, „einen Druck auf Serbien auszuüben“. Alle diese Warnungen und Anregungen des sonst in Berlin so hoch angesehenen Königs Carol wurden von der deutschen Regierung in den Wind geschlagen. Selbst der Befehl des Kaisers, diesen Bericht des Bukarester Gesandten den Botschaften in Wien, Rom und Petersburg weiterzugeben, blieb unausgeführt[25]. Die Berliner Regierung hat eine heilige Scheu, die Kreise des großen Staatsmannes am Ballplatz zu stören, und gar auf Serbien via Petersburg einzuwirken, wäre eine schwere Kränkung für den Grafen Berchtold gewesen, der auf eine Überrumpelung Serbiens und dessen Intransigenz seine Rechnung gestellt hatte.

Sehr aufregend gestalteten sich die Verhandlungen mit *Griechenland*, die der deutsche Kaiser selbst in einem Telegrammwechsel mit dem König von Griechenland führte. König Constantin lehnt zunächst am 27. Juli die Berliner Pläne ab, mit der einfachen Begründung, daß er und sein Volk „keinen Krieg“ wollen. Darauf beschwört der Kaiser am 30. Juli seinen Schwager, den jüngst ernannten preußischen Generalfeldmarschall König Constantin, beim Andenken seines ermordeten Vaters, nicht „gegen meine Person und den Dreibund für die serbischen Meuchelmörder Partei zu ergreifen“, und droht ihm sogar für den Fall des Widerstandes mit einer dauernden Schädigung ihrer persönlichen Beziehungen. Constantin wünscht aber, neutral zu bleiben, und sträubt sich in seinem Telegramm vom 2. August mit aller Macht dagegen, nun plötzlich seine ganze politische Richtung zu ändern, dem Erbfeind Griechenlands, Bulgarien, zu einer Machterweiterung zu verhelfen, „über die Serben herzufallen, da sie einmal unsere Verbündeten sind“, und den Bukarester Frieden, dessen Dauerhaftigkeit Wilhelm II. selbst in seinem solennen Telegrammwechsel mit Carol erst im August 1913 garantiert hatte, umzustoßen. „Von dem ist jetzt nicht mehr die Rede“, schreibt der Kaiser, an dessen Wort man nicht deuteln soll, an den Rand dieses Telegramms, der „Balkan marschiert“, fügt der große Friedenskaiser in befehlendem Ton hinzu, er antwortet dem griechischen König nicht mehr selbst, sondern läßt ihm nur durch seine Regierung ankündigen, daß, wenn er „nicht jetzt sofort mitgeht“, er „als Feind behandelt“ werden wird[26]. Hier dient also der deutsche Kaiser persönlich als Zutreiber für den kriegssüchtigen Grafen Berchtold. Auch bei der *Türkei* sieht der Vielgeschäftige persönlich nach dem „Rechten“. Hier stößt die papierene Kombination der Ballplatz-Weisen auf eine ganz neu erwachsene Schwierigkeit. Herr v. Jagow selbst, den Graf Berchtold am 14. Juli um seine Meinung fragen läßt, ist nämlich entschieden dagegen, die Türkei in diesem Zeitpunkt an den Dreibund heranzuziehen[27]. Auch der deutsche Botschafter in Konstantinopel beeilt sich, am 18. Juli die Berliner Regierung davor zu warnen, indem er darlegt, *daß die Türkei derzeit „vollkommen bündnisunfähig“ sei*[28]. *Doch Graf Berchtold, der Tonangebende, siegt.* Der Kaiser entscheidet am 24. von der hohen See aus, wo er gerade seine Erholungsreise macht, selbstverständlich, ohne seinen Ministern auch nur formell Gelegenheit zur Raterteilung zu geben, „trotz bestehender Zweifel über die Bündnisfähigkeit der Türkei", „aus Opportunitätsgründen die Geneigtheit der Türkei zum Dreibundanschluß zu benützen[29]". So wird denn dieses Bündnis auch am 2. August geschlossen[30]. Der Verlauf des Krieges hat die Zweifel des Konstantinopler Botschafters gerechtfertigt. Blind und taub folgt Berlin der Führung Wiens. Auch die Warnungen des deutschen Botschafters in London, ihres wichtigsten Berichterstatters, schlägt die Berliner Regierung in den Wind. Diesem kündigte bereits ein Erlaß vom 12. Juli „ernstere Maßnahmen gegen Serbien" an, die „zu allgemeinen Komplikationen führen könnten". Der Diplomat verstand, was die Euphemismen „ernstere Maßnahmen" und „allgemeine Komplikationen" zu bedeuten hatten: „Krieg gegen Serbien" und „Weltkrieg". Der Londoner Botschafter Fürst Karl Lichnovsky, der in allen seinen Berichten ein richtiges, durch die Tatsachen nachträglich nur allzu traurig bestätigtes Urteil zeigt, warnt die Berliner Regierung sofort am 14. Juli vor Illusionen über die Haltung der englischen Regierung und der englischen Presse[31]. Herr v. Jagow repliziert am 15. Juli[32]. Lichnovsky verschärft am 15. Juli seine Warnungen[33]. Zu dieser Depesche schreibt Herr v. Jagow an den Rand: *„Das ist leider alles richtig"*, verfolgt aber — noch mehr müssen wir nachträglich „leider" sagen — seine von Wien inspirierte, von ihm selbst als falsch erkannte Politik weiter, ohne Lichnovskys Warnungen auch nur nach Wien weiterzugeben. Ist das noch bona fides, ist das Treue, ist das Ehrlichkeit?

Berlin erweist sich nach jeder Richtung des Vertrauens des Grafen Berchtold würdig. Seine Eingeweihtheit in die Wiener Pläne benützt der Reichskanzler, um den Ententemächten bei den kommenden Verhandlungen einen kleinen Vorsprung abzugewinnen. Schon am 21. Juli, also zwei Tage vor Überreichung des Ultimatums, erläßt Herr v. Bethmann einen ausführlichen Zirkularerlaß an die Botschafter in Petersburg, Paris und London, worin er sie über die Pläne der Wiener Regierung — irreführt. Er versichert ihnen, um sie für die kommenden Verhandlungen zu instruieren, daß die Forderungen der österreichisch-ungarischen Regierung an Serbien als „billig und maßvoll angesehen werden können", und — der Heuchler! — spricht die „Befürchtung" aus, die böse serbische Regierung könnte diese maßvollen Forderungen ablehnen und Österreich-Ungarn „provozieren", wo doch der Reichskanzler sehr gut weiß, daß die Forderungen von Wien absichtlich unannehmbar formuliert worden sind, und Wien einen Krieg mit Serbien unter allen Umständen will, den er selbst durch Bündnisverhandlungen mit den anderen Balkanstaaten und Passivität gegenüber Serbien gut vorzubereiten so eifrig bestrebt ist. Daß *ein Reichskanzler die eigenen Botschafter irreführt*, um der Wiener Regierung zu helfen, geht doch wohl über alles erdenkliche Maß von „Nibelungentreue" hinaus. Um übrigens die Lüge, daß er das Ultimatum vor seiner Überreichung nicht gekannt habe, aufrechterhalten zu können, hat Herr v. Bethmann diesen Erlaß vom 21. Juli 1914 im deutschen Weißbuch vom Mai 1915 auf den *23. Juli nachdatiert*[34]! Das geht noch über die Selbstverleugnung des Herrn v. Jagow! Dieser erachtete übrigens ganz untergeordnete Gelegenheiten seiner nicht für unwürdig, um sich dem großen politischen Denker in Wien, dem Grafen Berchtold, nützlich zu erweisen. Eines Tages hörte Herr v. Jagow, daß das Ultimatum erst unmittelbar nach der Abreise Poincarés von Kronstadt in Belgrad überreicht werden sollte. Diese Schlauheit gefällt ihm. Sie muß gelingen. Aber Herr v. Jagow fürchtet die bekannte Wiener Schlamperei. Deswegen erkundigt er sich selbst beim deutschen Botschafter in Petersburg und beim Admiralstab der deutschen Marine nach der Stunde der Abfahrt Poincarés von Kronstadt und macht dann Wien darauf aufmerksam, daß es sich tatsächlich verrechnet hatte, da es die Überreichung des Ultimatums für 5 Uhr nachmittags am 23. Juli angesetzt hatte; denn dann würde die Demarche „noch während der Anwesenheit Poincarés in Petersburg bekannt werden". Für diesen Wink — den zweiten des Herrn v. Jagow in diesem Stadium der Aktion — erwies sich Wien dankbar und verschob in der Tat die Übergabe des Ultimatums um eine Stunde, d. i. auf 6 Uhr abends[35].

Darnach kann man schon beurteilen, wie viel von der Behauptung des deutschen Weißbuches (1914) zu halten ist, die Herr v. Jagow in seine Rechtfertigungsschrift übernimmt[36]: „*Wir haben an den Vorbereitungen* (zur Aktion Österreich-Ungarns gegen Serbien) *nicht teilgenommen.*" Fast ein ganzer Band, der erste Band der von der republikanischen Regierung Deutschlands publizierten „Dokumente zum Kriegsausbruch" ist den diplomatischen Noten gewidmet, die die deutsche Regierung in Sachen der serbischen Aktion vor der Überreichung des Ultimatums nach allen Windrichtungen ausgesendet und von überallher empfangen hat. Sogar Noten an die auswärtigen Vertretungen des Deutschen Reiches, die auswärtige Presse noch vor der Überreichung des Ultimatums mit Geld und auf andere Art zu beeinflussen, finden sich in dieser Aktensammlung[37]. Ja, selbst ein Erlaß an den deutschen Gesandten in Belgrad ist darunter, in dem dieser bereits am 22. Juli, also einen Tag vor Überreichung des Ultimatums, den vielsagenden Auftrag erhält: „Wenn österreichischer Gesandter Belgrad verläßt, wollen Euer Exzellenz Geschäfte und Schutz Österreich-Ungarns Untertanen übernehmen[38]".

II. Das Ultimatum an Serbien

Noch in seiner 1919 erschienenen Rechtfertigungsschrift hält Herr v. Bethmann die Legende aufrecht, das Ultimatum sei „ohne unsere vorherige Kenntnis und ohne Billigung seines *Wortlauts* und *aller* seiner Einzelheiten[39]" erlassen worden. Das ist wohl vorsichtiger verklausuliert als die Behauptung des Weißbuches 1914, aber doch auch erweislich unwahr. Um diese Behauptung glaubwürdig zu machen, berichtet Herr v. Bethmann ganz übereinstimmend mit Herrn v. Jagow in dessen Rechtfertigungsschrift, wann und wie er und Jagow zur Kenntnis des „Wortlauts und aller Einzelheiten" des Ultimatums gekommen sind. Herr v. Jagow erzählt: „Am 22. Juli in den Abendstunden — es war, so weit ich mich erinnere, zwischen 7 und 8 Uhr — kam Graf Szögyeny zu mir, um mir das bekannte Ultimatum mitzuteilen ... Nach Kenntnisnahme des langen Textes sprach ich dem Botschafter sofort meine Ansicht aus, daß der Inhalt mir als reichlich scharf und über den Zweck hinausgehend erschiene. Graf Szögyeny erwiderte, da sei nun nichts mehr zu machen, denn das Ultimatum sei schon nach Belgrad gesandt und soll dort am nächsten Morgen übergeben und gleichzeitig durch den amtlichen Wiener Telegraphen veröffentlicht werden. Ich sprach dem Botschafter mein Befremden aus, daß uns die Entschlüsse seiner Regierung so spät mitgeteilt würden, daß uns damit die Möglichkeit abgeschnitten wäre, dazu Stellung zu nehmen. Auch der Reichskanzler, dem ich alsbald den Wortlaut des Ultimatums vorlegte, war der Ansicht, daß es zu scharf sei[40]." Die Mitteilung des österreichischen Botschafters, den Herr v. Jagow selbst als „recht gealtert" und von Wien aus schlecht informiert schildert[41], war gerade in dem Punkt, auf den es hier ankommt, falsch. Das Ultimatum wurde plangemäß nicht am Morgen, sondern am Abend des 23. Juli um 6 Uhr in Belgrad überreicht. Das wußten aber Herr v. Bethmann und Herr v. Jagow aus den Berichten des *sehr gut informierten Herrn v. Tschirschky*, ihres eigenen Botschafters in Wien, ganz genau und also besser als der senile und erfahrungsgemäß schlecht informierte Graf Szögyeny, der auch tatsächlich, nach dem österreichischen Rotbuch zu schließen, von seiner Regierung über die Stunde des Ultimatums nicht unterrichtet worden ist. Ja, die Stunde der Überreichung war sogar *auf Betreiben des Herrn v. Jagow selbst* von 5, wie es Wien geplant hatte, auf 6 Uhr verschoben worden. Das Telegramm des Herrn v. Jagow, durch welches die Wiener Regierung darauf aufmerksam gemacht wurde, daß, wenn das Ultimatum in Belgrad um 5 Uhr nachmittags überreicht werden würde, die Nachricht noch vor der Abreise Poincarés in Petersburg bekannt werden könnte, wurde in Berlin am 22. Juli um 6 Uhr 5 Min. Nachm. dem Telegraphenamt übergeben[42]. Herr v. Jagow nahm also an, daß die auf dieses Telegramm hin zu ändernde Disposition der Wiener Regierung noch rechtzeitig deren Gesandten in Belgrad erreichen würde. Ein eine oder zwei Stunden später abgesandtes Telegramm wegen Milderung der Note hätte also auch noch rechtzeitig ankommen können. Jedenfalls konnte Herr v. Jagow, der noch um 6 Uhr 5 Minuten nachmittags gewußt hatte, daß die Überreichung des Ultimatums für Donnerstag 5 Uhr nachmittags geplant war, dieses Datum um 7 Uhr nachmittags, als ihm Graf Szögyeny das Ultimatum überbrachte, noch nicht vergessen haben. Überdies erhielt er, wie er erzählt, unmittelbar nach dem Besuch Szögyenys ein zweites Exemplar des Ultimatums von Herrn v. Tschirschky mit einem Briefe, in dem dieser ausdrücklich schrieb, daß das Ultimatum am Donnerstag nachmittag in Belgrad übergeben werden solle[43]. Da ist es doch ein starkes Stück, daß Herr v. Jagow sich jetzt nachträglich darauf ausredet, daß er dem Grafen Szögyeny geglaubt habe, das Ultimatum sollte schon am Morgen des 23. überreicht werden. Er und Herr v. Bethmann haben es besser gewußt als der jederzeit schlecht unterrichtete Graf Szögyeny. Ihre bessere Sachkenntnis verschweigen aber die Herren Reichskanzler und Staatssekretär a. D. jetzt in ihrem durch ihre republikanischen Nachfolger so schwer getäuschten Vertrauen auf das Geheimnis des Staatsarchivs und verstecken sich hinter der falschen Information des Grafen Szögyeny. Aber selbst, wenn die Information des Grafen Szögyeny richtig gewesen wäre, hätten sie von 8 Uhr abends bis zum nächsten Morgen, der ja doch für diplomatische Aktionen vor 10, 11 Uhr nicht beginnt, noch mehr als 12 Stunden Zeit gehabt, um die von ihnen beklagte Schärfe des Ultimatums mildern zu lassen — für Herren, die acht Tage später der russischen Regierung mitten in der Nacht ein zwölfstündiges Ultimatum gestellt haben, im Zeitalter der Telegraphen und Telephone Zeit genug zu einigen stilistischen Änderungen, und um so mehr Zeit, wenn man den den beiden Herren wohlbekannten richtigen Termin der Ultimatumsüberreichung, 6 Uhr abends, berechnet, bis zu dem sie *24 Stunden Zeit gehabt hätten*, dem Grafen Berchtold einen Rat zu erteilen.

Welche Heuchelei liegt in der nachträglichen Verteidigung von Reichskanzler und Staatssekretär! Herr v. Bethmann sucht in seinem Rechtfertigungsbuch zu beweisen, daß es die richtige Politik der Berliner Regierung war, „daß Österreich das serbische Ultimatum ohne unsere vorherige Kenntnis und ohne Billigung seines Wortlauts und aller seiner Einzelheiten habe erlassen dürfen“, „denn von Inhalt und Form eines einmal ausdrücklich gebilligten Ultimatums hätten wir uns nicht wieder loslösen, wir hätten dann die ganze Vermittlungsarbeit nicht verrichten können ...[44]“, und auf der nächsten Seite seines Buches berichtet er zustimmend, daß Herr v. Jagow Herrn v. Szögyeny bei der Überreichung des Textes des Ultimatums „sein Befremden ausgesprochen“ habe, „daß uns durch die späte Notifizierung jede Möglichkeit genommen sei, zu einem so wichtigen Dokument Stellung zu nehmen“. Welche doppelte und dreifache Heuchelei! Erstens erklärt es doch jetzt nachträglich Herr v. Bethmann als seine vorbedachte Politik, zu dem Ultimatum im voraus keine Stellung zu nehmen. Zweitens hat er, bezw. sein

Staatssekretär, dazu im voraus Stellung genommen, denn sie haben, wie gezeigt, schon aus den Berichten des Herrn v. Tschirschky vom 8. und 10. Juli erfahren, welche schwere Forderungen in der Hauptsache Graf Berchtold an Serbien zu stellen gedenkt, und vor allem, daß es sich dem Grafen Berchtold darum handle, Forderungen zu stellen, „die Serbien eine Annahme völlig unmöglich machen würden", Graf Berchtold hat sie gleichzeitig fragen lassen, „wie man in Berlin darüber denke[45]", ihnen war also in der Zeit zwischen dem ersten Bericht über die Berchtoldschen Forderungen, *8. Juli*, und der Überreichung des Textes des Ultimatums, *22. Juli*, durch die oben bereits erwähnten späteren und genaueren Berichte der deutschen Botschaft in Wien über die Berchtoldschen Forderungen *Gelegenheit genug und übergenug* gegeben, ihre Schärfe zu mildern, wenn sie es gewollt hätten.

Aber sie haben es nicht gewollt, sie haben Österreich zum Krieg gegen Serbien verhelfen wollen und was sie nun nachträglich gegen die allzu große Schärfe des Ultimatums sagen, ist windige Ausrede. Ein Ultimatum, welches unannehmbar sein soll, kann gar nicht „zu scharf" und „über den Zweck hinausgehend" sein. Der Zweck des Ultimatums war doch der Krieg. Gibt es noch einen über diese „ultima ratio regum" hinausgehenden Zweck im Verkehr der Staaten? Wie kann Herr v. Jagow den Lesern seines Buches solchen Unsinn zumuten? Er kann dies nur im Vertrauen darauf, daß die Leser seines Buches die geheimen diplomatischen Akten nicht kennen, aus welchen hervorgeht, daß der Zweck des Ultimatums der Krieg war, und daß Herr v. Jagow wie Herr v. Bethmann um diesen Zweck schon seit dem 5. Juli, an dem Kaiser Wilhelm das Handschreiben Franz Josephs erhalten hatte, gewußt hatten und der Wiener Regierung bei ihrer diplomatischen Vorbereitung des Ultimatums — bis auf die Formulierung der Forderungen — jeden erdenklichen Rat und jede Unterstützung hatten angedeihen lassen. Herr v. Bethmann verrät übrigens selbst seine und seines Kollegen Unaufrichtigkeit. Unmittelbar, nachdem er die neu erfundene Fabel erzählt hat, daß er und Jagow das Ultimatum zu scharf gefunden haben, auf derselbe Seite seines Buches[46] fällt er in seinen alten, wahren, brutalen Gedankengang der Gewaltpolitik zurück, indem er die Frage aufwirft: „War nun das Ultimatum zu scharf?" und darauf antwortet, Österreich mußte „scharf zupacken", sonst „hätte man besser die Hände in den Schoß gelegt". Herr v. Bethmann ist wie eine Köchin, die sich am Sonntag zum Ausgang Schminke auflegt, sie aber nicht verträgt und sie auch wieder wegreibt, ehe sie noch das Haustor verlassen hat. Da ist sein Kollege Jagow doch schon mehr von der Kultur beleckt. Der läßt sich beim — Schminken nicht so leicht erwischen.

Hätten übrigens die Herren v. Bethmann und v. Jagow wirklich damals das Ultimatum für zu scharf gehalten und wären sie nur durch Zeitmangel verhindert worden, eine Milderung in Wien noch vor der Überreichung durchzusetzen, so hätten sie auch nach der Überreichung genug Gelegenheit dazu gehabt. Von ihrer eigenen Initiative ganz abgesehen, telegraphierte ihnen schon am 24. Juli der deutsche Botschafter in London, Fürst Lichnovsky, daß der englische Staatssekretär Sir E. Grey „den *Ton der Note* wie die *kurze Befristung* beklage". Diese Meldung geben sie wohl, da Grey es ausdrücklich wünschte, nach Wien weiter, aber ohne Greys Vorschlag zu unterstützen, im Gegenteil, mit dem dem kriegstollen Wiener Kabinett die Ablehnung förmlich suggerierenden Beisatz des Herrn v. Jagow: „Ich glaube nicht, daß Fristverlängerung möglich wäre", was die Wiener Regierung natürlich sofort bestätigt. Die Frage des Tons der Note übergeht er ganz mit Stillschweigen[47]. In seinem Buche behauptet aber Herr v. Jagow schlankweg, daß er den Antrag einer Fristverlängerung „in Wien unterstützt" habe[48]. Sehr mutig im — Behaupten ist Herr v. Jagow — vor der Publizierung der deutschen Dokumente gewesen! Doch weiter! Am 26. Juli telegraphiert der deutsche Botschafter in Petersburg, Graf Pourtalès, Sasonow „sucht nach Auswegen", „gegen eine Reihe von Punkten des Ultimatums hat der Minister Bedenken, über einige andere Punkte, sagte mir der Minister, könnte man sich vielleicht durch Änderung der Formen der Forderungen einigen; es handle sich vielleicht nur um Worte". Pourtalès macht dann selbst den Vorschlag, das Berliner Kabinett möge „mit Österreich-Ungarn unverzüglich Fühlung nehmen, um seine Forderungen in der Form etwas zu mildern[49]". Herr v. Jagow hat dieses Telegramm, dem Amtsschimmel entsprechend, den deutschen Botschaftern in Wien und London mitgeteilt. Daß es auch der Wiener Regierung zur Kenntnis gebracht worden wäre, ist nach den jetzt vollständig publizierten Wiener und Berliner Akten nicht anzunehmen. Jedenfalls hat Herr v. Jagow dem Herrn v. Tschirschky keinen Auftrag erteilt, im Sinne der Vorschläge von Sasonow und Pourtalès „mit Österreich-Ungarn unverzüglich Fühlung zu nehmen".

Berlin hatte ebenso wie Wien angenommen, daß Serbien die gepfefferten Forderungen Österreich-Ungarns einfach ablehnen werde, sie waren ja, wie Graf Hoyos dem Prinzen Stolberg sagte, absichtlich so formuliert, daß „ein Staat, der noch etwas Selbstbewußtsein und Würde hatte, sie unmöglich annehmen konnte". Die Serben aber nahmen diese horrenden Forderungen, bis auf zwei, an und verdarben dadurch der Wiener Regierung das Konzept. Die Mitglieder der österreichisch-ungarischen Botschaft in London waren, wie Fürst Lichnovsky berichtete, beim Bekanntwerden der Antwort Serbiens „geradezu niedergeschmettert[50]". Das war auch die Stimmung der Herren am Ballplatz. Sie hielten deswegen die Antwort Serbiens geheim und veröffentlichten sie erst, nachdem sie sie durch einen perfiden Kommentar in so ziemlich das Gegenteil umgelogen hatten. Selbst ihrem Berliner Bundesgenossen wagten sie die serbische Antwortnote nicht ohne diese pervertierenden Zusätze eigener Mache vorzulegen. Noch am 27. Juli muß der Reichskanzler dem Kaiser berichten, daß er den Wortlaut der serbischen

Note, die am 25. der österreichisch-ungarischen Regierung übergeben worden war, noch nicht erhalten konnte.[51] Herr v. Jagow telegraphiert dem Herrn v. Tschirschky am 27. vormittags, er möge den Text der serbischen Antwort umgehend nach Berlin drahten[52]. Herr v. Tschirschky erbittet sofort am Ballhausplatz „persönlich dringend" den Text, er erhält ihn aber erst in der Nacht vom 27. auf den 28. mit den „erläuternden Bemerkungen" der österreichisch-ungarischen Regierung zugestellt. Inzwischen hatte der serbische Gesandte bereits am Nachmittag des 27. Juli den Text der serbischen Antwortnote der Berliner Regierung überreicht, die ihn dem Kaiser weitergab. Auf den Kaiser, der sie am 28. früh in dieser serbischen Ausgabe las, machte die serbische Antwort offenbar auch einen gewissen „niederschmetternden Eindruck", so sehr, daß er, der bis dahin in unflätigen Randnoten immer nur gegen die serbischen „Räuber" und „Fürstenmörder" zum Krieg gehetzt hatte, jetzt den Text der Antwortnote bloß mit einer gegen die Wiener Politik gerichteten Randnote versieht: „Damit fällt jeder Kriegsgrund fort, und Giesl hätte ruhig in Belgrad bleiben sollen! Daraufhin hätte ich niemals Mobilmachung befohlen[53]!" Eine scharfe Wendung gegen den Kaiser von Österreich. Doch begnügt sich der Kaiser nicht mit dieser Randbemerkung. Die Sache ist ihm zu wichtig. Um 10 Uhr vormittags setzt er sich an den Schreibtisch, um einen ausführlichen Erlaß an Herrn v. Jagow niederzuschreiben, in welchem er bereits einen positiven Vorschlag entwickelt, um der durch die unerwartete Nachgiebigkeit der Serben geschaffenen neuen Situation Rechnung zu tragen. Er wiederholt in dem Erlaß seine Ansicht, daß nunmehr „*die Wünsche der Donaumonarchie erfüllt sind*" und „*jeder Grund zum Kriege entfällt*". (Dies im Original unterstrichen.) Aber die Einhaltung der serbischen Versprechungen müßte durch „douce violence" gesichert und auch die österreichische Dynastie gegen die üblen Nachwirkungen der dritten zwecklosen Mobilisierung der Armee geschützt werden. Zu diesem Zwecke sollte Österreich Belgrad besetzen und so lange als Faustpfand besetzt halten, „bis tatsächlich die petita durchgeführt sind". In gleichem Sinn läßt der Kaiser an den Generalstabschef Grafen Moltke schreiben[54]. Ein lichter Moment in dem irrsinnigen Gerede, mit dem der Kaiser nach wie vor die großen und so folgenschweren Ereignisse dieser Zeit in den Akten begleitet!

Wir werden später sehen, wie diese vernünftige Anregung des Kaisers von seinen Ministern aufgenommen und ausgeführt worden ist. Wie die serbische Antwortnote auf sie gewirkt hat, davon schweigen die Herren v. Bethmann und v. Jagow in ihren Büchern, *sie erwähnen die serbische Antwort gar nicht.* Aber daß sie auch ihnen als befriedigend erschienen ist, beweist ein dringendes Telegramm des Reichskanzlers vom 28. Juli an Herrn v. Tschirschky, in welchem er von dem „weitgehenden Entgegenkommen" Serbiens ausgeht und die Gefahr schildert, die Deutschland droht, wenn es auch weiterhin gegenüber den inzwischen von anderen Kabinetten ausgearbeiteten

Vermittlungsvorschlägen seine bisherige „Zurückhaltung" bewahrt[55]. Am 30. Juli stellt er in der Sitzung des preußischen Staatsministeriums fest, „daß die serbische Antwort bis auf geringe Punkte den österreichisch-ungarischen Desiderien *tatsächlich zugestimmt* habe[56]". Was aber denselben Reichskanzler, der sich gelegentlich im intimen Kreise über des Grafen Berchtold „Politik mit doppeltem Boden" entrüstet[57], nicht hindert, zwei Tage später dem Bundesrat in der feierlichen Kriegssitzung vom 1. August zu erzählen, daß Serbien „wichtige Forderungen *abgelehnt*" hätte[58], und nach all dem perorieren die Herren v. Bethmann und v. Jagow gegen die „Kriegshetzer" Grey und Sasonow und wollen sich selbst als die Hüter des Friedens aufspielen!

III. Die Berliner Vermittlungstätigkeit

Die Vermittlungstätigkeit der Herren v. Bethmann und v. Jagow, die den zweiten Punkt ihrer Rechtfertigung bildet, war nur eine sekundäre. Sie beschränkte sich im wesentlichen darauf, die Vermittlungsvorschläge der Herren Grey und Sasonow aufzufangen, einen Teil davon zur Schonung der ohnedies von ihnen sehr bezweifelten Energie des Bundesgenossen bei sich zu behalten, die anderen Vorschläge nach Wien weiterzugeben und sie dort mit mehr oder auch weniger Nachdruck zu empfehlen. Wenn man die deutsche mit der österreichischen Aktensammlung, die beide vollständig sind, daraufhin vergleicht, bemerkt man mit Befremden, daß nur ein schwaches Echo der fieberhaften Vermittlungstätigkeit der Entente-Staatsmänner durch die Berliner Zwischenstation Wien erreicht hat. *Berlin diente als Schalldämpfer*, während Grey und Sasonow sich mit ihren Vorschlägen gerade deswegen an Berlin wandten, weil sie es fälschlich für ein schallverstärkendes Medium im Verkehr mit den harthörigen Wienern hielten. Unmittelbar nach dem Ultimatum, da die Gegner, die sich noch nicht gesammelt hatten, am nachgiebigsten waren, ist selbst von der briefträgerhaften Vermittlungstätigkeit der Berliner Herren nichts zu bemerken. Den Vermittlungsvorschlag Greys vom 24. Juli, seinen Konferenzvorschlag vom 26. Juli lehnen sie, ohne Wien zu fragen, ab[59] und den Fristverlängerungsvorschlag Greys vom 24. Juli geben sie, wie oben gezeigt, nur mit einer negativen Empfehlung nach Wien weiter, Sasonows oben erwähnte Anregungen vom 26. Juli bleiben ohne Antwort. Erst nachdem Herr v. Bethmann am 27. Juli die für die ausgesprochenen Wünsche Österreich-Ungarns in der Hauptsache befriedigende und deswegen gerade für die unausgesprochenen Wünsche umso unbefriedigendere Antwort Serbiens gelesen, erwacht er aus der Ruhe, mit der er bisher das vermeintlich fein erklügelte Spiel des Grafen Berchtold verfolgt hat, und fürchtet in dem schon angeführten dringenden Telegramm an Herrn v. Tschirschky vom 28. Juli, daß, wenn die deutsche Regierung „an ihrer bisherigen Zurückhaltung“ gegenüber den englisch-russischen Vermittlungsvorschlägen festhielte, „das Odium, einen Weltkrieg verschuldet zu haben“ — Herr v. Bethmann scheut dieses Odium, aber nicht den Weltkrieg selbst —, auf Deutschland fallen könnte. Er übermittelt auch gleichzeitig den Vorschlag des Kaisers Wilhelm auf vorübergehende Faustpfandbesetzung Belgrads zur Mitteilung an die Wiener Regierung, zunächst noch mit der beschwichtigenden Verwahrung, daß er „Österreich nicht zurückzuhalten wünsche[60]“. Als er dann aber am 29. Juli nachmittags aus einem Telegramm des Londoner Botschafters — man muß fast annehmen: zu seinem Schrecken — erfahren hat, daß Serbien sich sogar bereit erklärt hat, „auch die Artikel 5 und 6 der österreichischen Note, mithin also alle Forderungen zu schlucken[61]"; als er dann am Abend desselben 29. Juli ein zweites Telegramm des Londoner Botschafters erhält, in dem ihn Grey dringend bitten läßt, die Vermittlung euphemistisch „wieder" aufzunehmen, Grey ferner einen dem des Kaisers ähnlichen Vorschlag der vorläufigen Besetzung Belgrads macht, aber auch für den Fall des Ausbruches eines Krieges zwischen den Großmächten, den er als „die größte Katastrophe kennzeichnet, die die Welt je gesehen hat", die Beteiligung Englands an Seite Frankreichs und Rußlands in Aussicht stellt[62], erst da fängt Herr v. Bethmann, indem er dieses Lichnovsky-Telegramm nach Wien weitergibt, an, so ernst mit Wien zu sprechen, als er es vom Anfang an hätte tun sollen[63]. Es ist das jenes Telegramm, das Herr v. Bethmann zu seiner Entlastung in seiner Reichstagsrede vom 9. November 1916 ausgenützt hat. Am Abend des 29. erreichte die Berliner Regierung noch eine Hiobsbotschaft. Der Petersburger Botschafter meldete, daß Sasonow sich darüber beklagt habe, daß das Wiener Kabinett den Wunsch der Petersburger Regierung nach direkten Besprechungen „kategorisch" abgelehnt habe, und daß ferner Sasonow auf Befragen „unmittelbar bevorstehende Mobilmachung nicht in Abrede gestellt habe[64]". Auch dieses Telegramm gibt der Reichskanzler noch in der Nacht vom 29. auf den 30. nach Wien weiter, diesmal aber mit einer ganz kräftigen Apostrophe an die Wiener Regierung, wonach sich die Berliner „nicht leichtfertig und ohne Beobachtung unserer (der Berliner) Ratschläge in einen Weltbrand hineinziehen lassen" wolle, es ist das jenes Telegramm, auf das sich Herr v. Bethmann am 19. August 1915 im Reichstag zu seiner Entlastung berufen hat. Doch kamen diese beiden Vermittlungsaktionen „*zu spät*", wie der Kaiser selbst in seiner Randnotiz zu der Meldung von der Wiederaufnahme der direkten Besprechungen zwischen Wien und Petersburg am 30. Juli bemerkt[65]. Und fünf Jahre später ist Herr v. Bethmann, der die Tadelnotiz des Kaisers am 1. August 1914 zur Kenntnis genommen hat, noch in der Laune, in seinem Buche zu behaupten: „*Deutsche Versäumnisse liegen also nicht vor*[66]." Man hat bei solchen Äußerungen des Herrn v. Bethmann wie des Herrn v. Jagow nur die Wahl zwischen der Annahme von Böswilligkeit und der von Begriffsstützigkeit.

Es sind im ganzen drei Vermittlungserfolge in Wien, die die deutschen Staatsmänner im Stande der Verteidigung für sich geltend machen:

1. Die nach langem Hängen und Würgen am 27. Juli wiederholte Erklärung der Wiener Regierung, daß sie in Serbien keine territorialen Eroberungen beabsichtige — eine reservatio mentalis, da man in Wien nach wie vor, wie Graf Hoyos schon am 5. Juli in Berlin ausgeplaudert hatte, die Aufteilung Serbiens plante; das erfuhr v. Bethmann am 28. nochmals aus einem Londoner Bericht, zu dem er die Randbemerkung machte: „*Diese*

Zweideutigkeit Österreichs ist unerträglich[67]". Und das soll eine erfolgreiche Berliner Vermittlung sein!

2. Die Wiederaufnahme der direkten Besprechungen zwischen Wien und Petersburg, aber wieder mit dem den Vordersatz aufhebenden Nachsatz, daß es sich dabei nur um „Erläuterungen" zum Ultimatum handeln dürfte und daß Graf Berchtold „*es bestimmt ablehnen müsse*, über die einzelnen Punkte der Note an Serbien — deren Berechtigung usw. — zu diskutieren[68]". Und dennoch schreibt wieder der gewesene Staatssekretär und Vizekanzler Dr. Helfferich in seinem Kriegsbuch, daß es dem Kaiser und dem Reichskanzler gelungen sei, „bei Österreich-Ungarn ein Einlenken in Sachen des Ultimatums durchzusetzen[69]" — wo doch Graf Berchtold dies „bestimmt abgelehnt" hat. Also wieder ein merkwürdiger Erfolg der Berliner Vermittlung!

3. Die Annahme des Faustpfandvorschlages. Auf diesen letzteren Punkt legt Herr v. Jagow in seinem Buche das Hauptgewicht. „Wien ist auch unserem Ratschlage gefolgt", jubelt er.[70] Das ist aber gar nicht wahr. Am 31. Juli antwortete Kaiser Franz Joseph selbst dem deutschen Kaiser auf dessen Faustpfandvorschlag vom 30. Juli in ärgerlichem Ton: „Ich kann eine solche Intervention (des Zaren, auf dessen Telegramme Kaiser Wilhelm sich zur Unterstützung seines Vorschlages berufen hatte) *unmöglich zugeben*. Ich bin mir der Tragweite meiner Entschlüsse bewußt[71]." In diesem Sinne meldete auch Graf Szögyeny am selben Tage dem Berliner Auswärtigen Amt: „Auf Grund Allerhöchster Entschließung ist entschieden, Krieg gegen Serbien durchzuführen[72]", während der Vermittlungsvorschlag, gleichzeitig von Kaiser Wilhelm und der englischen Regierung gestellt, dahin ging, den Krieg nicht durchzuführen, sondern sich mit der Besetzung des von den Serben geräumten Belgrad zu begnügen. Im Wiener gemeinsamen Ministerrat vom 31. Juli, der über diese „dringendsten und nachdrücklichsten" Berliner Vorschläge beriet, teilte Graf Berchtold mit, „Seine Majestät habe den Antrag genehmigt, daß wir es zwar *sorgsam vermeiden, den englischen Antrag in meritorischer Hinsicht anzunehmen*, daß wir aber in der Form unserer Antwort Entgegenkommen zeigen und dem Wunsche des deutschen Reichskanzlers, die (englische) Regierung nicht vor den Kopf zu stoßen, auf diese Weise entgegenkommen[73]". In diesem Sinne wurde dann auch ein einmütiger Beschluß gefaßt. Und da sagt dann Herr v. Jagow: „Wien ist auch unserem Ratschlage gefolgt" und fügt scheinheilig hinzu: „Rußlands Bedrohung unserer Sicherheit durch die gegen uns gerichtete Gesamtmobilmachung hat jede Verständigung vereitelt, den Weltkrieg entfesselt[74]." Aber, wenn Rußland nicht am 31. Juli die Gesamtmobilmachung ins Werk gesetzt hätte, *so wäre die Verständigung an Wiens Widerstreben gescheitert.* Statt über sie zu klagen, hätten die deutschen Staatsmänner allen Grund, die russische

Gesamtmobilmachung zu preisen, denn nur sie hat es ihnen ermöglicht, durch die ganzen fünf Kriegsjahre ihre These zu verfechten, daß Wien am 31. Juli zur Verständigung bereit gewesen sei. Hätte Rußland nicht mobil gemacht, so wäre im weiteren Verlauf der Verhandlungen gar bald die Wahrheit herausgekommen, die die Welt jetzt erst aus den verspätet publizierten deutschen und österreichisch-ungarischen Aktensammlungen erfährt, daß Wien am 31. Juli nur bereit war, der Welt Sand in die Augen zu streuen, in der Sache selbst — Strafexpedition gegen Serbien — sich nicht um Haaresbreite von seinen Absichten hat abbringen lassen.

Doch auch auf deutscher Seite sieht es mit der vielgerühmten Vermittlungstätigkeit etwas schäbig aus. Es handelt sich den deutschen Staatsmännern gar nicht darum, Blutvergießen zu vermeiden, im Gegenteil, sie sind für den Krieg gegen Serbien, drängen sogar Österreich-Ungarn, möglichst bald loszugehen und sind bitter enttäuscht, da sie am 26. Juli vom Chef des österreichisch-ungarischen Generalstabes Baron Conrad erfahren, daß Österreich-Ungarn — „nur langsam voran" — erst am 12. August den Vormarsch gegen Serbien beginnen kann[75]. Die deutschen Staatsmänner sind nur für die „Lokalisierung" des Krieges, d. h. die anderen Mächte sollen ruhig zusehen, wie der 52 Millionenstaat über den 4 Millionenstaat herfällt. Die Lokalisierung war eine politische Unmöglichkeit, ein Unding. Rußland war nach allem Vorausgegangenem moralisch verpflichtet, Serbien beizustehen. Wie oft hatten die österreichisch-ungarischen Offiziösen in früheren Jahren die Serben verhöhnt, mit der Voraussage, daß ihr Protektor sie doch im entscheidenden Moment wieder im Stiche lassen würde, wie auf dem Berliner Kongreß 1878! Kaiser Franz Joseph ebenso wie Graf Berchtold, hatten von allem Anfange an mit Rußlands kriegerischem Eingreifen gerechnet. Auch die deutschen Staatsmänner setzten das noch im Weißbuch vom August 1914 als selbstverständlich voraus, woraus aber kraft des europäischen Allianzsystems der Weltkrieg mit unaufhaltsamer Konsequenz sich von selbst ergab. In seiner Instruktion an die preußischen Gesandten bei den deutschen Bundesregierungen vom 28. Juli erklärte Herr v. Bethmann mit biederem Tonfall, Rußlands Eintreten für Serbien sei „gewiß" „sein (Rußlands) gutes Recht[76]", was ihn aber nicht verhinderte, gegenüber Lichnovsky und Grey, die beide vom Anfang an vor dem Lokalisierungswahn gewarnt hatten, *am selben 28. Juli ebenso bieder das Gegenteil zu behaupten*: „... so wenig können wir ein Recht Rußlands oder gar der Triple-Entente anerkennen, für die serbischen Umtriebe gegen Österreich einzutreten[77]." Und dieser selbe Herr v. Bethmann regt sich in moralischer Entrüstung gegen „Berchtolds Politik mit doppeltem Boden" und gegen seine „Zweideutigkeiten" auf! Wie wenig die Berliner Staatsmänner gegen den Krieg mit Serbien waren, mag man auch daraus ersehen, daß Herr v.

Jagow, als er am 25. Juli das schon früher erwähnte Telegramm des Londoner Botschafters mit Greys Bitte um Fristverlängerung des Ultimatums in der bereits besprochenen kontrasuggestiven Art nach Wien weitergab, *den Schlußabsatz dieses langen Schriftstückes wegließ*, wonach man im Foreign Office „Grund zur Annahme habe, daß Österreich die Widerstandskraft Serbiens sehr unterschätze; es werde auf jeden Fall ein langwieriger, erbitterter Kampf werden, der Österreich-Ungarn ungemein schwächen und an dem es sich verbluten werde[78]." Warum hat Herr v. Jagow gerade diese Sätze gestrichen? Wohl, weil sie Wien, dessen Wankelmütigkeit man in Berlin immer fürchtete, vom Feldzug gegen Serbien hätten abschrecken können.

Doch als man in Berlin endlich die Unmöglichkeit der Lokalisierung des Krieges eingesehen hat, welchen Zweck hat dann die weitere Vermittlungstätigkeit der Berliner Staatsmänner? Wieder, nicht Blutvergießen zu vermeiden, sondern für den Weltkrieg, dem sie nun gefaßt entgegensahen, Stimmung zu machen, das Odium dafür auf Rußland abzuwälzen. Als Herr v. Bethmann am 27. Juli zum ersten Mal einen von Grey gestellten Vermittlungsantrag, den er doch nicht wieder a limine abweisen kann, nach Wien weitergibt, begründet er dies mit dem lediglich taktischen Argument, daß „wir als die zum Kriege Gezwungenen dastehen müssen[79]". Am 28. Juli befürwortet er gegenüber Wien den kaiserlichen Faustpfandvorschlag damit, daß *„das Odium, einen Weltkrieg verschuldet zu haben"*, sonst in den Augen des deutschen Volkes auf die deutsche Regierung zurückfiele; es handle sich bei der Graf Berchtold empfohlenen Demarche in Petersburg darum, „die Bedingungen, unter denen der Weltkrieg, wenn dieser schließlich nicht zu vermeiden ist, für uns nach Tunlichkeit zu verbessern[80]", schließt Herr v. Bethmann in ganz geschäftsmäßigem Ton — corriger la fortune. Recht gelehrig verdolmetscht Herr v. Tschirschky am 29. Juli die Aufträge seines Chefs dem Grafen Berchtold mit den Worten, der Vermittlungsvorschlag des Reichskanzlers sei „durchaus nicht dahin zu verstehen, als würde der Reichskanzler damit einen Druck auf Wien ausüben wollen oder als läge ihm der Wunsch nahe, Österreich-Ungarn von seiner Aktion zurückzuhalten", sondern im Fall des Weltkrieges solle „Rußland allein die Schuld treffen[81]". „Die Verweigerung jedes Meinungsaustausches mit Petersburg — telegraphiert Herr v. Bethmann am 30. Juli mahnend an das saumselige Wien — würde ein schwerer Fehler sein[82]", ein Kunstfehler, aber beileibe kein Verbrechen. Dem Kaiser sagte er am selben Tage, daß sein Drängen in Wien den Zweck habe, „die Schuld Rußlands zu vergrößern[83]". In einem aus anderen Gründen später zurückgezogenen Telegramm an den Wiener Botschafter vom selben Tage sagt er geängstigt: „Wenn Wien den letzten Greyschen Vorschlag ablehnt, ist es kaum mehr möglich, Rußland die Schuld an der ausbrechenden europäischen Konflagration zuzuschieben[84]". Im preußischen Ministerrat vom selben Tage wiederholt er es zum vierten Mal an diesem 30. Juli, daß der Grund seiner Vermittlungstätigkeit der sei:

„Es müßte der größte Wert darauf gelegt werden, Rußland als den schuldigen Teil hinzustellen[85]". Die Schuld Rußland „zuschieben", Rußland als den schuldigen Teil „hinstellen", diese Ausdrücke sind nicht der Welt der Wahrheit, sondern der des Scheins und der advokatorischen Verstellungskunst entnommen. *Es ist die geschickte Regie des Weltkrieges*, um die es sich Herrn v. Bethmann handelt, *nicht aber die Vermeidung des Weltkriegs*, für die sich wiederholt Grey in so eindrucksvollen, prophetischen Worten und gelegentlich auch Sasonow einsetzt.

In demselben engen Geleise läuft auch die persönliche Vermittlungsaktion des Kaisers *Wilhelm II.*, von der in der öffentlichen Diskussion so viel Aufhebens gemacht worden ist. Er mutet dem Zaren in einem Telegramm vom 29. Juli zu, „dem österreichisch-serbischen Krieg gegenüber in der Rolle des Zuschauers zu verharren, ohne Europa in den schrecklichsten Krieg hineinzuziehen, den es je gesehen hat[86]" — also wieder nur die Lokalisierung. Mit dem unabweislich pathetischen Ton, in dem Kaiser Wilhelm den Zaren und den König von England in seinen so oft zitierten Telegrammen zum Stillehalten beschwört, vergleiche man den scheuen, eine Ablehnung von vornherein erleichternden Ton des einzigen, von des Kaisers Regierung wohlweislich nicht veröffentlichten Telegramms, das Kaiser Wilhelm in der Vermittlungsaktion dem Kaiser Franz Joseph schickt. Es betrifft seinen eigenen und Greys Faustpfandvorschlag, ist vom 30. Juli datiert und lautet:

> „Die persönliche Bitte des Zaren, einen Vermittlungsversuch zur Abwendung eines Weltbrandes und Erhaltung des Weltfriedens zu unternehmen, habe ich nicht ablehnen zu können geglaubt und Deiner Regierung durch meinen Botschafter gestern und heute Vorschläge unterbreiten lassen. Sie gehen unter anderem dahin, daß Österreich nach Besetzung von Belgrad oder anderer Plätze seine Bedingungen kundgäbe. Ich wäre Dir zu aufrichtigem Danke verpflichtet, wenn Du mir Deine Entscheidung möglichst bald zugehen lassen wolltest.
>
> In treuer Freundschaft
>
> Wilhelm[87]".

Nicht ein Wort der Empfehlung, geschweige denn der Beschwörung, wie in den Telegrammen an den Zaren und den König von England! Und darnach sagte Herr v. Bethmann in der Reichstagssitzung vom 4. August 1914, die Vermittlungsaktion in Wien sei von Berlin „in Formen" geführt worden, „welche bis an das Äußerste dessen gehen, was mit unserem Bundesverhältnis noch verträglich war!" Zahmer, submisser, unsicherer hat der deutsche Kaiser wohl nie gesprochen als in diesem Telegramm. Kaiser Franz Joseph hat denn auch Wilhelm II., wie bereits in anderem Zusammenhang erwähnt, recht unwirsch einen Korb gegeben.

IV. Der aufgezwungene Krieg

Herr v. Bethmann glaubte, daß ihm sein Regiestück gelungen sei. In der Sitzung des Bundesrates vom 1. August erklärte er bereits feierlich: „Wir haben den Krieg nicht gewollt, er wird uns aufgezwungen[88]“, die Phrase, die er, wie der Kaiser und die anderen Berliner Herren, später in der Öffentlichkeit so oft wiederholt hat. Den Weltkrieg selbst haben sie nicht „gewollt“, wohl aber den Krieg Österreich gegen Serbien, und dieser mußte zum Weltkrieg führen, das wußten sie und wurde ihnen überdies vom Anfang an durch Grey, Sasonow und ihren eigenen Botschafter Lichnovsky mit zwingenden Argumenten, die sie auch nicht zu widerlegen versuchten, vor Augen geführt[89]. Als sie in extremis den Krieg Österreichs gegen Serbien im Sinne des Faustpfandvorschlags einschränken wollten, stießen sie auf Österreichs Widerstand. Graf Berchtold hatte, wie er in seiner Note an Graf Szögyeny vom 20. Juli bereits feststellte, schon lange vor dem Ultimatum „ein vollständiges politisches Einvernehmen mit dem deutschen Kabinett erzielt[90]“ und auch mit dem deutschen Kaiser, wie Graf Berchtold wahrheitsgemäß hätte hinzufügen können. An dieses hielten sich der Kaiser Franz Joseph und seine Regierung und deswegen lehnten sie alle ihnen nachträglich von Berlin übermittelten Vorschläge auf Einstellung oder auch nur Einschränkung ihres serbischen Krieges ab, komme, was da wolle, und daraus erklärt sich auch der bescheidene Ton, in dem Berlin diese Vorschläge Wien vorträgt. Wien blieb den Abmachungen mit Berlin treu und hielt Berlin an der Stange fest. Berlin konnte nicht mehr zurück, selbst wenn es ernstlich gewollt hätte. Es hat aber nicht gewollt. Denn was es gewollt hat, *den serbischen Krieg ohne Weltkrieg, das war praktisch unmöglich*, und Unmögliches, Unerreichbares kann man „möchten“, aber zurechnungsfähiger Weise nicht wollen[91]. Wenn einer etwa in ein Fenster hineinschießt und einen sichtbar am Fenster sitzenden Mann erschießt, wird er sich doch nicht nachher vor dem Richter darauf ausreden können, daß er nur das Fenster gemeint habe, nicht aber den Mann. Doch zu den Eigentümlichkeiten der Berliner Staatsmänner hat es immer gehört, daß sie wohl forsch hinüberschießen wollten, den andern aber es übelnahmen, wenn sie zurückschossen. Auch die Niederlage haben sie nicht gewollt und nicht den inneren Zusammenbruch, und gewiß auch nicht den Sturz der Hohenzollern, der Habsburger und der anderen deutschen Dynastien, und sind doch für all das vor der Geschichte verantwortlich, nach demselben Kausalgesetz, nach dem sie überhaupt für den Weltkrieg verantwortlich sind. Das Eintreten Rußlands für Serbien und die europäischen Komplikationen waren übrigens schon in dem Handschreibenwechsel der beiden Kaiser im Anfang des Monates Juli vorausgesehen. Für diesen Fall auch nur verlangte Österreich-Ungarn Deutschlands Unterstützung und sagte sie ihm Deutschland zu. Denn einen

Krieg bloß gegen Serbien zu führen, dazu brauchte Österreich-Ungarn keine Hilfe.

Als beliebtestes Argument für den „aufgezwungenen Krieg" hat den deutschen Staatsmännern während des ganzen Krieges die offizielle *russische Gesamtmobilisation* vom 31. Juli gedient, welche nach ihrer Darstellung den Krieg bedeutete und von Deutschland mit dem Ultimatum beantwortet werden mußte. Dieses Argument tritt Herr v. Bethmann auch in seinem Buche noch breit[92]. Da man sich dabei immer auf die Ansicht des deutschen Großen Generalstabs berufen hat und vor diesem bisher jede Kritik verstummte, nahm man das Argument gläubig an, obzwar es dem gesunden Menschenverstand nicht einleuchtete, warum Mobilisierung gleich Krieg sein muß, wo doch so viele Mobilisierungen aus der Geschichte der neuesten Zeit bekannt sind (so auch die zwei russisch-österreichischen Mobilisierungen von 1909 und 1912), die nicht zum Krieg geführt haben. Dieser Anschauung des gesunden Menschenverstandes hat früher auch Herr v. Bethmann gehuldigt und sie bei einer sehr wichtigen und entscheidenden amtlichen Gelegenheit, als schon inoffizielle Nachrichten vom Beginn der russischen Mobilisierung in Berlin vorlagen und sogar „sich häuften", ausgesprochen, nämlich in der Sitzung des preußischen Staatsministeriums vom 30. Juli 1914. „Die Mobilisierung Rußlands", sagte er, „sei zwar erklärt, seine Mobilisierungsmaßnahmen seien jedoch mit den westeuropäischen nicht zu vergleichen. Die russischen Truppen könnten in diesem Mobilisierungszustande wochenlang stehen bleiben. Rußland beabsichtige auch keinen Krieg, sondern sei zu seinen Maßnahmen nur durch Österreich gezwungen[93]". Damals hoffte Herr v. Bethmann offenbar noch, daß er bis zum Kriegsausbruch genug Zeit haben werde, um durch seine Vermittlungsaktion Rußland „als den schuldigen Teil hinzustellen", wie er in jenem preußischen Ministerrat noch sagte. Als aber am nächsten Tag, wie Herr v. Bethmann in seinem Buche ausplaudert, der Chef des Generalstabs Graf Moltke plötzlich, im Gegensatz übrigens zu dem Kriegsminister v. Falkenhayn, die Kriegserklärung an Rußland verlangte[94], sattelte Herr v. Bethmann um, fand, daß die russische Mobilisierung auch nicht zwölf Stunden länger ertragen werden könne, daß sie Rußlands Kriegswillen beweise, und so wurde die russische Mobilisation in Ermangelung eines Besseren, das ausgeblieben war, das Mittel, um „Rußland als den schuldigen Teil hinzustellen" — was ja der einzige und wahre Zweck der ganzen diplomatischen Arbeit in den letzten Julitagen gewesen war.

Ein anderes Argument gegen den Kriegswillen der Berliner Regierung hat der unermüdlich Weltkriegsbücher schreibende ehemalige Staatssekretär und Vizekanzler Dr. Helfferich herausgefunden. „Es muß" — schreibt er[95] — „jedem tiefer in die Dinge eintretenden Beobachter auffallen, daß bei unserem italienischen Verbündeten vor der Überreichung des Ultimatums in

Belgrad offenbar keinerlei Versuche gemacht worden sind, ihn auf eine — — — Neutralität — — — festzulegen.“ Das schrieb Herr Dr. Helfferich im März 1919, als ihn noch niemand mit amtlichen Akten der Zentralmächte widerlegen konnte. Jetzt wissen wir aus dem österreichischen Rotbuch, daß man in Berlin und Wien erwogen hat, ob Italien als Dritter im Bunde in die Kriegskonspiration eingeweiht werden solle, aber, weil man Italien mißtraute und seiner „Verschwiegenheit“ nicht ganz sicher zu sein glaubte, beschloß, es nicht einzuweihen, sondern „vor eine unabwendbare Situation zu stellen[96]“.

Ein ganz kurioses Argument für die Unschuld der Berliner Regierung hat der gewesene Staatssekretär der Marine, Herr v. Tirpitz, das Verdienst, gefunden zu haben. Er behauptet nämlich, der Kanzler habe „den Ernstfall so wenig vorbereitet, daß Gesamterwägungen zwischen den politischen und militärischen Spitzen niemals stattgefunden hatten, weder über die politisch-strategischen Probleme der Kriegführung, noch über die Aussichten eines Weltkrieges überhaupt[97]“. Herr v. Tirpitz hat das im April 1919 geschrieben, ohne wohl zu ahnen, daß jemals die Blasphemie begangen werden könnte, die geheimen Akten des Auswärtigen Amtes den Blicken der profanen Welt preiszugeben. Obzwar der Verkehr zwischen Generalstab und Auswärtigem Amt sich loco Berlin überwiegend mündlich und telephonisch abgespielt haben wird, enthalten doch die Akten der Wilhelmstraße genug, um Herrn v. Tirpitz' Harmlosigkeitslegende zu widerlegen. Der Generalstab wird von allen wichtigen diplomatischen Schritten informiert. So beruft sich der Reichskanzler in einem am 26. Juli an den Kaiser gerichteten Telegramm auf die Zustimmung des soeben aus Karlsbad zurückgekehrten Chefs des Generalstabes, Grafen Moltke, zu seiner Haltung[98]. Ebenso teilt der Kaiser am 28. Juli seinen neuen Faustpfandvorschlag, wie bereits oben erwähnt, gleichzeitig mit dem Staatssekretär v. Jagow dem Grafen Moltke mit[99]. Graf Moltke beschränkt sich übrigens seinerseits durchaus nicht auf sein Ressort. Er ergreift die Initiative, um auch ungefragt dem Auswärtigen Amt seine Meinung in politicis zu sagen, während der umgekehrte Fall, daß dieses eine Meinung in militärischen Dingen je geäußert hätte, nicht vorkommt. So überschickt er am 29. Juli dem Reichskanzler eine lange Abhandlung, welche den bezeichnenden Titel führt: „Zur Beurteilung der politischen Lage“, die mit der „bis zur Schwäche gehenden Langmut Österreichs“ gegenüber Serbien anfängt, sich über die „Einmischung Rußlands“ beschwert, von den „tiefgewurzelten Gefühlen der Bundestreue, einem der schönsten Züge des deutschen Gemütslebens“ singt, um schließlich „möglichst bald Klarheit“ darüber zu wünschen, ob es zum Krieg mit Rußland und Frankreich kommt[100]. Am 2. August entwickelt Graf Moltke dem Auswärtigen Amt in peremptorischen Ausdrücken ein langes Programm über das, was dieses angesichts des Krieges in allen feindlichen und nichtfeindlichen Ländern zu tun hätte, z. B. „Japan ist aufzufordern, die günstige Gelegenheit zu benutzen, um seine sämtlichen Aspirationen im fernen Osten jetzt zu befriedigen, am besten unter kriegerischer Aktion gegen das im europäischen Kriege gefesselte Rußland[101]". Graf Moltke scheint keine Ahnung von der politischen Stellung Japans zu haben, was ihn aber nicht hindert, darüber zu politisieren. Noch bierbankmäßiger schwätzt er am 4. August vor der Kriegserklärung Englands, wo er vom Auswärtigen Amt verlangt, daß es England belehre, daß es sich in diesem Kriege um die „Wahrung und Erhaltung germanischer Kultur und Sitte der slavischen Unkultur gegenüber[102]" handle. Aber ehe das Auswärtige Amt noch Zeit gehabt hat, diese Kulturbotschaft nach London weiterzubefördern, hat England schon den Krieg erklärt, und Graf Moltke vernichtet nun England, indem er in einer Note vom 5. August von dem unglücklichen Auswärtigen Amt nichts weniger verlangt als die Insurrektion Indiens, Ägyptens, auch des Kaukasus, während er seinerseits lapidar meldet: „Die Insurrektion Polens ist eingeleitet[103]". Sogar ganze Entwürfe von Noten an die belgische und die holländische Regierung schreibt Graf Moltke dem Auswärtigen Amt vor, das sie auch pflichtschuldigst zurichtet und weiterbefördert[104], und es sind nicht etwa militärische oder untergeordnete Angelegenheiten, um die es sich dabei handelt, sondern es ist die verhängnisvolle Note, mit der die deutsche Regierung der belgischen den Neutralitätsbruch ankündigt, nächst dem serbischen Ultimatum das verhängnisvollste diplomatische Schriftstück des Weltkrieges — und da will Herr v. Tirpitz die Welt glauben machen, daß „Gesamterwägungen" über den Ernstfall „zwischen den politischen und militärischen Spitzen niemals stattgefunden haben"!

Doch Herr v. Tirpitz hat noch einen anderen quasi militärischen, vollgültigen Beweis dafür, daß „unsere Reichsleitung den Krieg nicht gewollt hat. Sie war nämlich vom Anfang an überzeugt, daß wir nicht siegen würden[105]". Man denke! Das muß sie doch bei der damals in Berlin allgemein anerkannten militärischen Allwissenheit und Unfehlbarkeit des Großen Generalstabs von diesem gehört haben. Wie hat aber Graf Moltke über die Aussichten des Krieges in den kritischen Tagen geurteilt? Darüber hat der bayrische Gesandte in Berlin, Graf Lerchenfeld, seiner Regierung berichtet. „*Schon vor Monaten (!)*", schreibt er am 31. Juli in einem Privatbrief dem bayrischen Ministerpräsidenten Grafen Hertling, „hat der Herr Generalstabschef Graf v. Moltke sich dahin ausgesprochen, daß der Zeitpunkt *militärisch so günstig sei, wie er in absehbarer Zeit nicht wiederkehren kann*[106]." Am 31. Juli telephoniert er nach München: „Preußischer Generalstab sieht Krieg mit Frankreich mit großer Zuversicht entgegen, rechnet damit, Frankreich in vier Wochen niederwerfen zu können[107]." Am 2. August meldet Graf Lerchenfeld: „Man kann heute sagen, daß bei dem bevorstehenden Krieg Deutschland und Österreich der ganzen Welt gegenüberstehen werden. Trotzdem ist die Stimmung der hiesigen militärischen Kreise eine absolut zuversichtliche[108]." Am 5. August berichtet Graf Lerchenfeld dem Grafen Hertling den folgenden Ausspruch des Grafen Moltke vom selben Tage: „*Man könne es als ein Glück betrachten*, daß durch den Mord in Sarajevo die von den drei Mächten (Rußland, England, Frankreich) angelegte Mine schon in einem Zeitpunkt aufgeflogen sei, in dem Rußland nicht fertig und die französische Armee sich in einem Übergangszustand befinde. Gegen die drei vollkommen gerüsteten Staaten würde Deutschland einen schweren Stand gehabt haben[109]." Selbst Österreich ist siegesgewiß. „Österreich hat hier mitgeteilt," berichtet Graf Lerchenfeld weiter am 5. August, „daß es jedem Angriff an seiner Grenze völlig gewachsen und sogar numerisch der gegen Galizien versammelten Armee überlegen sei[110]." Alle diese großsprecherischen Voraussagen der Militärs in Berlin und Wien haben sich leider nicht bewährt. Um so stärkeren Beweis bilden sie für den Kriegswillen der beiden Mächte nicht nur gegenüber Serbien, sondern gegenüber der „ganzen Welt", Beweis auch gegen den Tirpitzschen Geschichtsfälschungsversuch. Dabei sind wir vorläufig nur auf die schwachen Reflexe der Anschauungen und Pläne der Militärs in den Akten der Diplomaten angewiesen. Der Eindruck wird sicher noch verstärkt werden, wenn — was jetzt zu wünschen wäre — auch die auf die Vorbereitung des Krieges bezüglichen Akten der Generalstäbe und Kriegsministerien von Berlin und Wien der Öffentlichkeit übergeben werden würden.

Und nun stelle man diesem Bild von Kriegszuversicht und Kriegslust der einen Seite das der anderen gegenüber. Wir vermeiden es dabei wie bisher, die von den Ententestaaten schon im Beginn des Krieges herausgegebenen Aktenbücher, die während des Krieges allein zur Beurteilung der Absichten beider Kriegsparteien benützt werden konnten, heranzuziehen, da ihre Zuverlässigkeit — wenn auch wahrscheinlich mit Unrecht — von den deutschen Staatsmännern bestritten wird[111]. Als argumentum ad hominem beschränken wir uns auf die Aktensammlungen der beiden Zentralmächte, deren Vollständigkeit und Richtigkeit nicht bestritten werden kann. Was da die Botschafter der Zentralmächte ihren Regierungen über die Absichten und Ansichten der Ententemächte melden, sind selbstverständlich nur subjektive Eindrücke der Berichterstatter, die bis zu einem gewissen Grad von ihrem feindlichen Standpunkt aus voreingenommen und eher geneigt gewesen sein dürften, den Gegnern, die sie zu beobachten verpflichtet waren, böse Pläne zuzumuten als gute, eher ihren eigenen Regierungen, in deren Gedanken sie eingeweiht waren, zu helfen, als sie zu stören. Gerade deswegen sind aber diese Berichte der deutschen und österreichisch-ungarischen Diplomaten um so beweiskräftiger. Denn sie berichten, was ihnen nach Hause zu melden sicher sehr schwer geworden ist, was sie gewiß nur nach sorgfältiger Prüfung und auf die Gefahr, daheim Mißfallen zu erregen, weiterzugeben sich entschlossen haben, sie berichten nämlich durchaus nur Günstiges über *die mangelnde Kriegslust und die Friedensabsichten der Ententemächte*. Nach ihnen sind Rußland, besonders aber auch England unablässig bemüht, Vermittlungsvorschläge auszusinnen, die zwar immer wieder von den Zentralmächten abgelehnt, von den Ententemächten aber unverdrossen immer wieder durch andere ersetzt werden. Diese Vorschläge bilden den Hauptstoff der Tätigkeit der Diplomatie der Zentralmächte in den kritischen zwölf Tagen zwischen dem serbischen Ultimatum und dem Ausbruch des Weltkrieges. Sir Edward Grey ist darin besonders eifrig. Herr v. Bethmann hat das noch in seiner Reichstagsrede vom 3. August und in dem gleichzeitig erschienenen Weißbuch anerkannt. Um seinen Vorschlägen mehr Nachdruck zu geben, macht Grey der deutschen Regierung die Hölle heiß, indem er ihr keinen Zweifel darüber läßt, daß der serbische Krieg Österreich-Ungarns einen großen europäischen Krieg zur notwendigen Folge haben werde, und indem er die Nachwirkungen dieses Krieges in den schwärzesten Farben schildert, die damals noch als Übertreibungen angesehen worden sein mochten, durch die Tatsachen aber leider vollständig bestätigt worden sind. Um aus seinen und seiner Mitarbeiter zahlreichen Äußerungen nur eine zu zitieren, sei seine Aussprache zum deutschen Botschafter unmittelbar nach Empfang des österreichisch-ungarischen Ultimatums am 24. Juli erwähnt: „Die Gefahr eines europäischen Krieges sei, falls Österreich serbischen Boden betrete, in nächste Nähe gerückt. — Die Folgen eines solchen Krieges zu vier (an England und Italien dachte er dabei noch nicht) seien vollkommen unabsehbar. Wie auch immer die Sache verlaufe, eines sei sicher, daß nämlich eine gänzliche Erschöpfung und Verarmung Platz greife, Industrie und Handel vernichtet und die Kapitalskraft zerstört würden. Revolutionäre Bewegungen wie im Jahre 1848 infolge der darniederliegenden Erwerbstätigkeit würden die Folge sein." Daß er Österreich gleichzeitig vor dem Kriege gegen Serbien warnt, an dem es sich verbluten werde, haben wir schon erwähnt. Hinzugefügt sei nur, daß der überlegene Geist des Kaisers Wilhelm II. zu dieser Stelle an den Rand nur ein Wort schreibt: „Unsinn." „Der Minister — fügt Fürst Lichnovsky seinem Bericht aus eigenem hinzu — ist sicherlich bestrebt, alles zu tun, um einer europäischen Verwicklung vorzubeugen, und konnte sein lebhaftes Bedauern über den herausfordernden Ton der österreichischen Note und die kurze Befristung nicht verhehlen[112]." Von seiner ersten Unterredung mit Sasonow nach dem Ultimatum berichtet der deutsche Botschafter in Petersburg, Graf Pourtalès, am 25. Juli, daß der Minister „sehr erregt" war und sich „in maßlosen Anklagen" gegen Österreich-Ungarn erging[113]. In einem zweiten Gespräch am 26. Juli findet Graf Pourtalès Herrn Sasonow „viel ruhiger und versöhnlicher. Er betont mit der größten Wärme, daß Rußland nichts ferner liege, als Krieg zu wünschen ... und er bäte uns dringend, eine Brücke zu finden ...[114]".

Aber in den russischen militärischen Kreisen? Über deren Stimmung berichtet der deutsche Militärattaché v. Chelius, derselbe, auf dessen Mobilisationsmeldungen sich die ganze Argumentation der deutschen

Staatsmänner über die russische Mobilisierung stützt. Herr v. Chelius teilt am 26. Juli mit, daß man „in den Kreisen dem Frieden geneigter, monarchisch gesinnter höherer Offiziere der Umgebung des Zaren als bestes Mittel den Frieden zwischen den Großmächten zu erhalten, Telegramm S. M. des Kaisers und Königs an Kaiser Nikolaus ansieht", dessen monarchistischen Tenor er auch angibt[115]. Ein solches Telegramm wird daraufhin im Berliner Auswärtigen Amt am 26. abends oder am 27. Juli entworfen, aber nicht abgesendet[116]. Warum nicht? Darüber belehrt uns eine Randbemerkung des Reichskanzlers vom 27. Juli zu dem die Cheliussche Anregung enthaltenden Telegramm des Grafen Pourtalès. Sie lautet: „*S. M. will einstweilen keine Depesche an den Zaren schicken*[117]." Erst am folgenden Tage, am 28., wird ein Telegramm des Kaisers an den Zaren dem Telegraphen übergeben — das erste der Serie, auf die sich später die deutschen Staatsmänner mit so viel Emphase berufen haben. Es ist also *auf die Initiative höherer russischer Offiziere aus der Umgebung des Zaren* zurückzuführen, was allerdings die Aufrichtigkeit der deutschen Staatsmänner verschwiegen hat, weil sonst die Emphase gelitten hätte. Herr v. Bethmann ist in seinem Buche sogar kühn genug, es der „eigensten Initiative" Wilhelms II. entspringen zu lassen[118] — wo doch *die eigene Randbemerkung des Reichskanzlers* auf dem erwähnten Aktenstück das genaue Gegenteil bezeugt! Das erste Telegramm des deutschen Kaisers an den Zaren hat sich bekanntlich mit einem ähnlichen Telegramm des Zaren gekreuzt. Man hat aber nichts davon gehört, daß Berliner Militärs aus der Umgebung des Kaisers dazu die Anregung gegeben hätten. Als das Telegramm des Kaisers am 29. Juli in Petersburg ankommt, sagt der russische Generalmajor à la suite des Zaren, Trubetzkoi, zu Chelius: „Gottlob, ein Telegramm Ihres Kaisers, aber ich fürchte, es ist zu spät." Chelius spricht dann mit Trubetzkoi über die bereits erfolgte russische Mobilisierung gegen Österreich-Ungarn und gewinnt dabei den Eindruck, daß Trubetzkoi „im Grunde überzeugt war, daß Rußland zu eilig gehandelt habe. Als ich ihm sagte — berichtet v. Chelius weiter — er möge sich nicht wundern, wenn die deutsche Streitmacht mobilisiert werde, *brach er entsetzt ab* und sagte, er müsse sofort nach Peterhof" (zum Zaren, um ihm diese Hiobspost zu melden). Den langen Bericht über diese und seine sonstigen Beobachtungen in Militärkreisen schließt Herr v. Chelius mit den Worten: „Ich habe den Eindruck, daß man hier *aus Angst vor kommenden Ereignissen mobilisiert hat ohne aggressive Absichten* und nun erschreckt ist darüber, was man angerichtet hat", wozu Kaiser Wilhelm an den Rand schreibt: „*Richtig, so ist es*[119]", was aber den Kaiser wieder nicht gehindert hat, öffentlich das Gegenteil zu behaupten. Noch eine Stimme, die des deutschen Botschafters in Paris! Herr v. Schoen berichtet über seine erste Unterredung nach dem Ultimatum am 24. Juli: „Der den (abwesenden) Ministerpräsidenten vertretende (französische) Justizminister war sichtlich erleichtert von unserer Aufforderung, daß österreichisch-serbischer Konflikt lediglich zwischen den beiden Beteiligten zum Austrag zu bringen[120]."

Nach diesen Berichten der deutschen Diplomaten nun noch einige Stimmen von österreichisch-ungarischer Seite über die Absichten der Ententemächte. Wir wählen, der Ergänzung wegen, solche aus den späteren Phasen der kritischen Zeit. So aus London den Bericht des österreichisch-ungarischen Botschafters Grafen Mensdorff vom 4. August, also schon nach der Kriegserklärung Englands an Deutschland. „Sir E. Grey sagte mir — telegraphiert der Botschafter — er sei *ganz verzweifelt* über die Notwendigkeit eines Krieges ... Sir Edward Grey, der eminent friedlich ist und den Krieg haßt, war *ganz gebrochen*[121]." Und noch später am 7. August: „Grey ist *verzweifelt* darüber, daß seine Bestrebungen, Frieden zu erhalten, gescheitert sind. Über den Krieg sagte er mir wiederholt: „I hate it, I hate it ..." Er hatte ernstlich gehofft, daß, wenn auch die jetzige schwere Gefahr überwunden werde, man den Frieden auf Jahre sichern könne ... Nun sei alles das gescheitert, und der allgemeine Krieg mit seinen scheußlichen und widerwärtigen Folgen ausgebrochen. Ich glaube, der Angriff auf die Neutralität Belgiens hat alles verdorben" usw.[122]. Und wie urteilt der österreichisch-ungarische Botschafter in Petersburg, Graf Szapáry, über den russischen Minister des Äußern, Herrn Sasonow, der neben Grey der zweite der schwarzen Männer war, die die Staatsmänner der Zentralmächte ihren Völkern später als die Anstifter des Krieges denunzierten? Am 29. Juli berichtet Graf Szapáry nach einem Gespräch mit Sasonow: „Meine Impression ging dahin, daß der Minister bei der *vorherrschenden Unlust, mit uns in Konflikt zu geraten, sich an Strohhalme klammert*, in der Hoffnung, doch noch der gegenwärtigen Situation zu entkommen[123]." Das war schon nach der offiziellen Mobilisierung Rußlands gegen Österreich-Ungarn. Am 30. Juli telegraphiert Graf Szapáry: „Minister scheut den Krieg ebenso wie sein Kaiserlicher Herr[124]." Als ihm Graf Szapáry am 31. Juli die Meldung überbringt, daß Graf Berchtold sich endlich habe erweichen lassen und in die von Sasonow und Grey gewünschte Wiederaufnahme direkter Besprechungen mit ihm über das Ultimatum einwillige, „war Herr Sasonow durch meine Eröffnungen — berichtet der Botschafter — wesentlich erleichtert und schien denselben eine übertriebene Bedeutung beizumessen[125]". Aus Paris wieder läßt sich der österreichisch-ungarische Botschafter Graf Szécsen am 30. Juli vernehmen: „Viele Leute hier, auch in Regierungskreisen, wünschen Frieden und möchten Argumente haben, die sie russischen und hiesigen Hetzereien entgegenstellen können[126]." Und der *deutsche Kaiser selbst* sagt am 1. August zum österreichisch-ungarischen Botschafter, Grafen Szögyeny: „*er habe den Eindruck, daß Frankreich über die Mobilmachung Deutschlands in hohem Grade erschrocken sei.* Unter diesen Umständen ... sei er (Kaiser Wilhelm II.) entschlossen, mit Frankreich abzurechnen, was ihm hoffentlich vollkommen gelingen werde[127]." Also, nicht Frankreich will mit Deutschland abrechnen, sondern Kaiser Wilhelm II. will mit Frankreich abrechnen, Frankreich den Krieg aufzwingen, und zwar gerade deswegen, weil Frankreich diese Abrechnung, diesen Krieg fürchtet!

Das sagt der deutsche Kaiser am 1. August einem Eingeweihten, der es geheim hält. Aber was sagt er öffentlich, drei Tage später, am 4. August, im Reichstag, vor der ganzen Welt, in der feierlichsten Form, in der Thronrede, mit der er die amtlichen Kriegskundgebungen einleitet? „In aufgedrungener Notwehr, mit reinem Gewissen und reiner Hand ergreifen wir das Schwert." Damit beginnt bereits, noch ehe ein Kanonenschuß gefallen ist, unter Vorantritt des Kaisers, jene Fabrikation von Geschichtslügen, die im Kriege durch eine weltumspannende geistige Propagandaarbeit fortgesetzt worden ist und mit dem Kriege noch lange nicht ihr Ende gefunden hat, im Gegenteil nach der Niederlage von den schuldigen Staatsmännern und Militärs mit vermehrtem Eifer fortgesetzt wird und die auch nach den Absichten ihrer Urheber kein Ende hätten finden sollen und so bald keines gefunden hätte, wenn nicht ein unerwartetes Ereignis, überraschender noch als alle sonstigen Überraschungen dieses Krieges, als Niederlage und Revolution, unvorhergesehener als alles andere dazwischen getreten wäre: die nach langem Sträuben und Zögern unter dem Druck der öffentlichen Meinung der ganzen Welt erfolgte Veröffentlichung der geheimen Akten der Staatsarchive von Berlin und Wien.

V. Das Ende der Kriegslügen

Warum haben die deutsche und die österreichisch-ungarische Regierung nicht gleich der englischen, französischen, russischen, belgischen, italienischen, serbischen sofort im Anfang des Krieges ihre Akten über dessen Vorgeschichte in einer einigermaßen vollständigen Sammlung veröffentlicht? Weil sie ihr Skelett im Hause kannten, und das waren ihre eigenen Geheimakten, weil sie wußten, was in diesen Akten stand, weil ihr schlechtes Gewissen ihnen verbot, die Welt Einblick in diese ihre Akten nehmen zu lassen. Deswegen war das Wort in der Thronrede Wilhelms II. vom 4. August 1914, die seine und überhaupt die letzte deutsche Thronrede werden sollte, in dieser Lügen-Thronrede, das Wort von der „aufgezwungenen Notwehr“, dem „reinen Gewissen“ und der „reinen Hand“, die erste und die fundamentale Geschichtsfälschung in diesem Kriege. Ihr reines Gewissen war eine Lüge, und auf der Lüge beruhte ihr reines Gewissen. Mit schlechtem Gewissen und unsauberer Hand sind Wilhelm II. und seine Berater in diesen Krieg eingetreten, der ihnen nicht aufgedrungen, nicht eine Handlung der Notwehr war, sondern ein Präventivkrieg, durch den die militärischen Gelegenheitsmacher vom Großen Generalstab die ihres Erachtens militärisch günstige Lage ausnützen wollten. Das mußte schon während des Krieges jedem unbefangenen kritischen Beobachter klar werden, heute steht es aktenmäßig fest. Damit ist auch der Feldzug der Geschichtslügen, der am 4. August vom Kaiser in seiner Thronrede eingeleitet und von seinen Ministern bis lange nach dem Kriege, noch in ihren Memoirenbüchern, fortgesetzt worden ist, zu einem endgültigen Abschluß gelangt, der von gleicher Art ist wie der des Krieges selbst: Wilhelm II. und sein Regime haben diesen Krieg der Geister ebenso verloren wie den der Kanonen. Sie sind geistig geschlagen, nicht von den Feinden, deren Aktensammlungen wir hier absichtlich außer Betracht gelassen haben, sondern *durch ihre eigenen Akten, durch ihre geheimen Selbstbekenntnisse*, durch ein argumentum ad hominem, gegen das sie keinen Widerspruch erheben können. Sie haben sich selbst moralisch gerichtet, sie haben sich selbst überführt. Zwischen ihren Behauptungen und denen der feindlichen Staatsmänner hatten bisher unüberbrückbare Widersprüche geklafft, und aus diesen hatte sich eine Zweiteilung der geschichtlichen Wahrheit über den Ursprung des Krieges ergeben; ebenso unverbrüchlich wie das deutsche Volk an die ihm von seinen Staatsmännern gebotene Darstellung, glaubten die Völker der Entente und mit ihnen die meisten Neutralen an die der Entente-Staatsmänner, jeder von beiden Teilen beschuldigte den anderen der Lüge und Fälschung, und es gab kein anerkanntes Kriterium der Wahrheit. Mit der von den alten deutschen Staatsmännern nicht vorhergesehenen Veröffentlichung der deutschen

Dokumente zum Kriegsausbruch und der österreichischen Rotbücher ist dieses Kriterium nun plötzlich gegeben, und die deutschen Staatsmänner sind mit ihren voreiligen Memoirenbüchern auf der Lüge ertappt. Die Aktensammlungen der Mittelmächte und die der Feinde stimmen in der Darstellung der Haupt-Tatsachen miteinander überein, die Kluft zwischen der Auffassung hüben und drüben hat sich geschlossen, über die Vorgeschichte des Weltkrieges existiert nur mehr eine Wahrheit, die von Freund wie Feind aktenmäßig bezeugt wird.

Das ist gut und recht so. Welch schneidender Widerspruch hätte in jedem Menschenfreund jeden Glauben an die Menschheit, jede Hoffnung auf die Kraft der Wahrheit und Gerechtigkeit vernichten müssen, wenn die Geschichtslügen der Wilhelm II., v. Bethmann, v. Jagow, v. Tirpitz, Helfferich und wie sie alle ihre unzählbaren Mithelfer heißen, unwiderlegt geblieben wären, wenn es den Geschichtslügnern gelungen wäre, die Geschichte zu fälschen und die Legende aufrecht zu erhalten, daß in diesem größten aller Kriege die Wahrheit und Gerechtigkeit, das gute Gewissen und die reine Hand von dunklen Übermächten besiegt, zerschlagen, vernichtet worden sind! Welch unüberbrückbarer Zwiespalt hätte sich unter den Völkern eröffnet, wenn es dauernd zwei Wahrheiten über diesen Krieg, zwei gegeneinander streitende Geschichtsdarstellungen gegeben hätte, wie die Geschichtslügner es wollten! Welche Mutlosigkeit hätte sich aller guten Geister bemächtigt, wenn sie hätten erkennen müssen, daß die Menschen sich nicht einmal über eine Reihe von so groben, greifbaren Tatsachen verständigen und einigen können, wie es die der Vorgeschichte des Krieges sind! Wäre die doppelte Geschichtsschreibung, die Geschichtsschreibung der Zentralmächte und die der Ententemächte, nicht eine geistige Fortsetzung dieses grauenvollen Krieges bis ans Ende geworden, hätte sie nicht Deutschland, als die einzige Überlebende der Zentralmächte, auf immer geistig von der übrigen Welt abgetrennt, zu ihr in einen unheilvollen Gegensatz gebracht? Hätte sie nicht zum physischen und wirtschaftlichen Ruin, den dieser Krieg über die Menschheit verhängt hat, auch noch die Zermürbung der menschlichen Intelligenz gefügt, die Auflösung des Grundbegriffs alles menschlichen Denkens, des Glaubens an eine einzige, allen Menschen gemeinsame Erkenntnisfähigkeit, des Glaubens an die Wahrheit?

Deswegen ist die Veröffentlichung der deutschen und österreichischen Kriegsdokumente eine erlösende Tat, die allein schon die Revolution rechtfertigen könnte, ohne die sie gewiß nicht möglich gewesen wäre, — rechtfertigen könnte oder, besser gesagt, rechtfertigen wird, wenn das deutsche Volk diese nicht ganz freiwillige und zweifelfreie Tat seiner Regierung zu seiner eigenen macht, wenn es die Dokumente, die da aus dem Staub der Archive ans Licht des Tages gehoben worden sind, nicht unbenützt in den Bibliotheken modern und wieder zu Staub werden läßt. Sache des deutschen Volkes ist es, sich den die Menschheit versöhnenden Inhalt dieser Dokumente zu eigen zu machen, ihn in das allgemeine Bewußtsein aufzunehmen! Damit gewinnt das deutsche Volk eine mit seinen Kriegsfeinden gemeinsame moralische Überzeugung über die Entstehung des Krieges, es überbrückt die von seinen Kriegsmachern geschaffenen und vertieften Gegensätze zwischen sich und den anderen Völkern und schließt so mit einem neuen festen Kitt den Ring der Kulturnationen wieder zusammen, der durch den Weltkrieg gesprengt worden ist. Das ist die hohe Aufgabe, die dem deutschen Volke erwächst. Es wird sie nur dann erfüllen können, wenn seine geistigen Führer, seine Geschichtsforscher, Politiker, Lehrer, Schriftsteller sie richtig erkennen und das ihrige dazu tun, wenn sie den Schatz von geschichtlicher Wahrheit und Gerechtigkeit, der in diesen amtlichen deutschen Dokumenten steckt, durch vielfache, dem Verständnis aller Volkskreise angepaßte Darstellungen den weitesten Schichten des deutschen Volkes zugänglich zu machen sich bemühen werden. Zu diesem großen Werk der Völkeraufklärung und Völkerverständigung, das nun anheben möge, soll diese Schrift in ihrer Art ein kleiner Beitrag sein.

Fußnoten

[1] „Briefe Wilhelms II. an den Zaren, 1894-1914", herausgegeben von Prof. Dr. Walter Goetz, Seite 241.

[2] „Die deutschen Dokumente zum Kriegsausbruch." Vollständige Sammlung der von Karl Kautsky zusammengestellten amtlichen Aktenstücke ... herausgegeben von Graf Max Montgelas und Prof. Walter Schücking, Charlottenburg, 1919, 4 Bände (im nachfolgenden kurz als „Die deutschen Dokumente" zitiert), Nr. 7.

[3] „Die deutschen Dokumente", Nr. 11.

[4] „Die deutschen Dokumente", Nr. 13.

[5] „Die deutschen Dokumente", Nr. 15 und 26.

[6] „Die deutschen Dokumente", Nr. 553.

[7] „Die deutschen Dokumente", Anhang IV, Nr. 2.

[8] v. Jagow: „Ursachen und Ausbruch des Weltkriegs", S. 103/4.

[9] v. Bethmann Hollweg: „Betrachtungen zum Weltkrieg", Seite 138.

[10] „Denkschrift (der deutschen Regierung), vorgelegt dem deutschen Reichstag am 3. August 1914" (in „Aktenstücke zum Kriegsausbruch", 1914).

[11] „Von allen zu treffenden Entscheidungen würde die hiesige (Berliner) Regierung seinerzeit sofort in Kenntnis gesetzt werden." „Die deutschen Dokumente", Nr. 23.

[12] „Die deutschen Dokumente", Nr. 19.

[13] „Die deutschen Dokumente", Nr. 29.

[14] „Die deutschen Dokumente", Nr. 31.

[15] „Die deutschen Dokumente", Nr. 49.

[16] „Die deutschen Dokumente", Nr. 50.

[17] „Die deutschen Dokumente", Nr. 65.

[18] „Die deutschen Dokumente", Nr. 87.

[19] „Die deutschen Dokumente", Nr. 86.

[20] „Die deutschen Dokumente", Nr. 91.

[21] „Die deutschen Dokumente", Nr. 95.

[22] „Die deutschen Dokumente“, Nr. 16 und 17.

[23] „Die deutschen Dokumente“, Nr. 21 und 22.

[24] „Die deutschen Dokumente“, Nr. 549 und 865.

[25] „Die deutschen Dokumente“, Nr. 41, Anm. 2.

[26] „Die deutschen Dokumente“, Nr. 243, 466, 702.

[27] „Die deutschen Dokumente“, Nr. 45.

[28] „Die deutschen Dokumente“, Nr. 71.

[29] „Die deutschen Dokumente“, Nr. 144.

[30] „Die deutschen Dokumente“, Nr. 733.

[31] „Die deutschen Dokumente“, Nr. 36 und 43.

[32] „Die deutschen Dokumente“, Nr. 48.

[33] „Die deutschen Dokumente“, Nr. 52.

[34] „Die deutschen Dokumente“, Nr. 100, Anmerkung 1.

[35] „Die deutschen Dokumente“, Nr. 50, 93, 96, 108, 112, 127.

[36] v. Jagow, a. a. O., S. 100.

[37] „Die deutschen Dokumente“, Nr. 29, 36, 44, 97, 128, 143, 167.

[38] „Die deutschen Dokumente“, Nr. 114.

[39] Bethmann Hollweg, a. a. O., S. 137.

[40] v. Jagow, a. a. O., S. 109, 110, v. Bethmann, a. a. O., S. 138, 139.

[41] v. Jagow, a. a. O., S. 105.

[42] „Die deutschen Dokumente“, Nr. 112.

[43] „Die deutschen Dokumente“, Nr. 106.

[44] Bethmann, a. a. O., S. 137, 138.

[45] „Die deutschen Dokumente“, Nr. 29.

[46] v. Bethmann, a. a. O., S. 139, 140.

[47] „Die deutschen Dokumente“, Nr. 157, 171.

[48] v. Jagow, a. a. O., S. 117.

[49] „Die deutschen Dokumente“, Nr. 238.

[50] „Die deutschen Dokumente“, Nr. 301.

[51] „Die deutschen Dokumente", Nr. 245.

[52] „Die deutschen Dokumente", Nr. 246.

[53] „Die deutschen Dokumente", Nr. 271.

[54] „Die deutschen Dokumente", Nr. 293.

[55] „Die deutschen Dokumente", Nr. 323.

[56] „Die deutschen Dokumente", Nr. 456.

[57] In einem Briefe an Jagow. „Die deutschen Dokumente", Nr. 340.

[58] „Die deutschen Dokumente", Nr. 553.

[59] „Die deutschen Dokumente", Nr. 157, 236, 248.

[60] „Die deutschen Dokumente", Nr. 323.

[61] „Die deutschen Dokumente", Nr. 357. — Ich habe in der „Zeit" vom 24. Juli 1914 den Serben geraten, das Ultimatum ohne jede Abänderung „mit guter Miene" sofort vollständig anzunehmen. Auch heute noch bin ich der Meinung, daß dies das beste gewesen wäre. Denn das Ultimatum war praktisch unausführbar. Es wäre gerade in seinen schwersten Forderungen auf dem Papier stehen geblieben und, soweit ausführbar, hätte es der Wiener Regierung unendliche Schwierigkeiten bereitet, nicht nur gegenüber Serbien und den Großmächten, sondern auch vor allem im eigenen Lande gegenüber sämtlichen slavischen Nationalitäten. Aber immerhin wäre der Weltkrieg, wenigstens bei diesem Anlaß, vermieden worden, und das südslavische Problem der österreichisch-ungarischen Monarchie, das von den Säbelpolitikern zu einer Frage der äußeren Politik gemacht worden war, wäre wieder auf das Gebiet der inneren Politik zurückgekehrt, wo es eine unblutige Lösung hätte finden können, für die ich auch noch während des Monats Juli 1914, wie vorher, in der „Zeit" eingetreten bin.

[62] „Die deutschen Dokumente", Nr. 368.

[63] „Die deutschen Dokumente", Nr. 395.

[64] „Die deutschen Dokumente", Nr. 365.

[65] „Die deutschen Dokumente", Nr. 433.

[66] v. Bethmann, a. a. O., S. 146.

[67] „Die deutschen Dokumente", Nr. 301. Österr. Rotbuch, II. Teil, Nr. 75.

[68] „Die deutschen Dokumente", Nr. 448, Österr. Rotbuch, III. Teil, Nr. 45.

[69] Helfferich: „Die Vorgeschichte des Weltkriegs", S. 181.

[70] v. Jagow, S. 101.

[71] „Die deutschen Dokumente“, Nr. 482.

[72] „Die deutschen Dokumente“, Nr. 498.

[73] Österr. Rotbuch, III. Teil, Nr. 79.

[74] v. Jagow, a. a. O., S. 101.

[75] „Die deutschen Dokumente“, Nr. 213.

[76] „Die deutschen Dokumente“, Nr. 307.

[77] „Die deutschen Dokumente“, Nr. 279.

[78] „Die deutschen Dokumente“, Nr. 157 und 171.

[79] „Die deutschen Dokumente“, Nr. 277.

[80] „Die deutschen Dokumente“, Nr. 323. — Diese Note hat die deutsche Regierung zu ihrer Entlastung schon im Beginn des Krieges in der „Norddeutschen Allgemeinen Zeitung“ vom 12. Oktober 1914 veröffentlicht, aber gerade diesen charakteristischen Schlußsatz der Note, der die wahren Absichten der Berliner Staatsmänner verriet, *weggelassen*, außerdem in den vorletzten (dort letzten) Satz der Note die Wendung hineingefälscht, daß es sich Berlin darum handle, einen Weltkrieg zu „verhindern“. Und Herr v. Jagow nimmt kein Bedenken, diese Note in der so verstümmelten und gefälschten Form in seinem Buch (Seite 122) neuerdings als Entlastungsdokument zu zitieren!

[81] Österr. Rotbuch, III. Teil, Nr. 24.

[82] „Die deutschen Dokumente“, Nr. 396.

[83] „Die deutschen Dokumente“, Nr. 407.

[84] „Die deutschen Dokumente“, Nr. 359.

[85] „Die deutschen Dokumente“, Nr. 456.

[86] „Die deutschen Dokumente“, Nr. 441.

[87] „Die deutschen Dokumente“, Nr. 437. — Wilhelm II. ist von den deutschen Pazifisten ganz falsch aufgefaßt worden. Dr. A. H. Fried, der verdienstvolle pazifistische Schriftsteller, hat im Jahre 1910 ein eigenes Buch: „Der Kaiser und der Weltfrieden“ geschrieben, worin er „die pazifistische Aera Wilhelm II.“ und die „pazifistische Wirksamkeit“ seiner Regierung preist und die Hoffnung ausspricht, daß Wilhelm II. das pazifistische Ideal verwirklichen werde. Im Krieg erst hat Dr. Fried die Wahrheit erkannt.

[88] „Die deutschen Dokumente“, Nr. 553.

[89] So durch Lichnovsky selbst schon am 23. Juli, vor Bekanntwerden des österreichischen Ultimatums, in einem Privatbrief an Jagow. „Die deutschen Dokumente", Nr. 161, und in der Note Nr. 218 vom 26. Juli, Greys Äußerungen in Nr. 236, 266 usw. Der damalige Vertreter Italiens bei der rumänischen Regierung, Fasciotti, sprach schon am 20. Juli gegenüber dem deutschen Geschäftsträger in Bukarest die Ansicht aus, daß ein Krieg Österreichs gegen Serbien „in einen Weltkrieg ausarten könne", „es sei begreiflich," sagte er dann, „daß Österreich gegebenenfalls in Belgrad Genugtuung fordere, allein" — fügte er ahnungsvoll hinzu — „dieselbe müsse so beschaffen sein, daß sie für Serbien annehmbar sei" („Die deutschen Dokumente", Nr. 177). Der italienische Diplomat durchschaute also damals schon von Bukarest aus das nicht gerade feinerdachte Stratagem Berchtolds, und die Berliner Staatsmänner wollen es noch heute beschönigen!

[90] Österr. Rotbuch, I. Teil, Nr. 30.

[91] Dieses widerspruchsvolle Wollen paßt ganz gut zu der nach seinem Sturze von zwei Schriftstellern, Tesdorpf und Lutz, unabhängig voneinander veröffentlichten geistigen Charakteristik Wilhelm II., wonach er an periodischem Irrsinn und geistigen Defekten leiden soll. Aber was soll man von den Bethmann, Jagow und den anderen, den Tausenden Deutscher halten, die fünf Jahre lang diesen irrsinnigen Widerspruch nachgebetet haben?

[92] Bethmann, a. a. O., S. 148 u. ff.

[93] „Die deutschen Dokumente", Nr. 456.

[94] v. Bethmann, a. a. O., S. 156.

[95] Helfferich: „Die Vorgeschichte des Weltkriegs", S. 185.

[96] Österr. Rotbuch, I. Teil, Nr. 16, Depesche des Grafen Berchtold an den österreichisch-ungarischen Botschafter in Rom vom 12. Juli 1914, „Die deutschen Dokumente", Nr. 46, 87.

[97] v. Tirpitz: „Erinnerungen", S. 228.

[98] „Die deutschen Dokumente", Nr. 197.

[99] „Die deutschen Dokumente", Nr. 293.

[100] „Die deutschen Dokumente", Nr. 349.

[101] „Die deutschen Dokumente", Nr. 662.

[102] „Die deutschen Dokumente", Nr. 804.

[103] „Die deutschen Dokumente", Nr. 876.

[104] „Die deutschen Dokumente“, Nr. 376 und 426.

[105] Tirpitz, a. a. O., S. 236.

[106] „Die deutschen Dokumente“, Anhang IV, Nr. 27.

[107] „Die deutschen Dokumente“, Anhang IV, S. 158.

[108] „Die deutschen Dokumente“, Anhang IV, Nr. 32.

[109] „Die deutschen Dokumente“, Anhang IV, Nr. 35.

[110] „Die deutschen Dokumente“, Anhang IV, Nr. 34.

[111] Helfferich: „Die Entstehung des Weltkriegs“, 1915, S. 3.

[112] „Die deutschen Dokumente“, Nr. 157.

[113] „Die deutschen Dokumente“, Nr. 160.

[114] „Die deutschen Dokumente“, Nr. 217.

[115] „Die deutschen Dokumente“, Nr. 229.

[116] „Die deutschen Dokumente“, Nr. 233.

[117] „Die deutschen Dokumente“, Nr. 229, Anm. 3.

[118] Bethmann, a. a. O., S. 147.

[119] „Die deutschen Dokumente“, Nr. 445.

[120] „Die deutschen Dokumente“, Nr. 154.

[121] Österr. Rotbuch, III. Teil, Nr. 132.

[122] Österr. Rotbuch, III. Teil, Nr. 159.

[123] Österr. Rotbuch, III. Teil, Nr. 16.

[124] Österr. Rotbuch, III. Teil, Nr. 46.

[125] Österr. Rotbuch, III. Teil, Nr. 97.

[126] Österr. Rotbuch, III. Teil, Nr. 105.

[127] Österr. Rotbuch, III. Teil, Nr. 41.